銀行経営のパラダイムシフトと新成長戦略

富樫直記［著］

一般社団法人金融財政事情研究会

はしがき

「現在日本の金融業界は、戦後最大の転換点に直面している」と業界のだれもが口にする。国内では地銀の再編がいよいよ加速するとの見方。海外では、メガバンクや生保、損保による買収がさらに増えるとの見方。いずれもその大きな背景として、国内の人口減少が指摘される。くしくもそれはリーマンショックと同じ年の２００８年から起こっている。

このところ、人口減少をテーマにした経営論や戦略論の書籍が巷に溢れている。本書の中身も人口減少が大きなテーマではある。しかしながら、筆者はそれ以前の１９９７年が戦後の日本の金融業界、いや日本の企業経営、社会経済全体の転換の始まりであったと考えている。この年は銀行界で戦後初めての破綻が発生し、大手証券の一角の山一證券も自主廃業した年である。筆者は当時日銀において、まさにこのことにかかわっていたので、その時の緊迫した状況はいまでも脳裏に鮮明に焼きついている。ちょうどこの頃から日本における株式売買の主役が日本人から外国人投資家に入れ替わった。社会経済に目を転ずると、勤労世帯の平均所得と消費支出はこの年を境に減少に転じ、機を同じくして共働き世帯の数が単身世帯の数を上回った。外食業界や出版業界の数もこの年をピークに減少に向かい、家計の貯蓄率もこの頃から急速に低下した。

本書の第1章では、まず、金融業界にとってのこの1997年の大転換の意味を解き明かすことからスタートする。そこからみえてくることは、成長を前提とした戦後の日本の企業において、「平均値思考」が企業成長の黄金律として醸成され、営業、人事、経費管理など経営のあらゆる面を支える根幹の思考として浸透し、定着した点である。この思考に基づく経営は、1997年の大転換でもはや通用しなくなっていた。それを裏づける象徴的な現象は、人口減少とともに顕現化してきた「格差の到来・拡大」である。それは「個人の格差」と「中央と地方の格差」の二つの次元で今日同時進行している。

「人口減少」と「格差の拡大」とともに、銀行経営、企業経営は「平均値思考」から「可変的思考」への転換が求められる。2000年代に入って人事評価制度において登場し、表層的に語られがちな能力主義や成果主義も「可変的思考」導入の一端にすぎない。また、近年、小売業界を中心に燎原の火のごとく広がっているポイントプログラムというロイヤルティプログラムも、その思考に基づいて生まれた象徴的な仕掛けである。もっとも金融業界、特に銀行界をみると、営業や顧客マーケティング、経営管理、IT投資など依然として「平均値思考」から抜け切れていないところが多い。他方、「可変的思考」に基づく顧客の差別化も企業側の自己都合で導入するだけでは、結局、顧客冷遇につながり、短期的には成功しても顧客からは長期に支持されることはない。

第2章、第3章、第4章では、銀行ビジネスを国内と海外に分けたうえで、国内について「可変的思考」に基づく二つの戦略を解き明かす。それによって、今後、ライフプランニングが銀行においてもつ幅広い意味合いと負債コンサルティングの必要性、そしてそれと結びついた異業種に対抗できる銀行らしいロイヤルティ戦略を説明する。また、その戦略を実践する意味で重要な役割を担う銀行店舗チャネルのあり方と、個人密着のコンパクトチャネルの推進について説明する。それを受けて第5章では、これまで銀行界が陥り続けていた「一律的な価格競争の呪縛」からの脱却の道について論じ、個人金融資産における現・預金が5割を下回るための道筋を示す。

最後の第6章では、「脱・価格戦略」を前提に今後の銀行のバランスシート運営をどのように行っていくべきかについて論ずる。そのうえで、国内については新たな融資ビジネスのフロンティアを紹介する。海外については、グローバル規制とローカル規制の2重の規制の同時進行のなかで、メガバンクにとって今後課題となるグローバル経営体制について触れる。一方、地方銀行にとってのグローバル化対応の意味も問い返し、海外での企業金融ビジネスのあり方について決済面も含めて触れる。

2009年に前著『金融大統合時代のリテール戦略——銀行・証券・生保・カードが一つになる』（ダイヤモンド社刊）を刊行して、6年が経った。刊行以降、残念ながら日本の金融業界はリーマンショックとデフレの進行から閉塞感が強まるなか、新規の取組みよりも既存事業の見直しのほうが優先されてきた。しかしながら、財政や社会保障、成長戦略の今後など、引き続き先行き不透明感は続く一方で、ここにきて金融業界はともかくも前に向けて動き始めた。6年前に書き起こしたことも、ここにきてようやく動意がみられ始めている感がする。筆者は、バブルの生成・崩壊と銀行破綻を経験した日銀時代（1984年から1997年）とその後の金融コンサルタント時代を通して、銀行、生保・損保、証券、アセットマネジメント、信託、カード、消費者金融、決済ビジネス、金融IT、リテール金融、ホールセール金融、内外金融機関の買収・提携、バーゼル国際規制等々さまざまな金融案件にかかわってきた。本書は、この30年あまりの激動期の金融経験に照らして、これまで考えてきたことを総括したものである。本書が、日本の金融業界が今後革新を起こして発展していくことに少しでも役立てば幸いである。

なお、本書は、銀行の経営論であるが、一般企業の経営論としての示唆も少なからず示したつもりである。それは、戦後の日本の企業経営にとって銀行貸出と銀行による株式の持合いが非常に大きな意味合いをもっていたからであり、これらに対する銀行界自体のスタンスが国際規制等の環境変化のなかで変われば、企業経営もおのずと変わらざるをえないからである。
最後に半年以上も脱稿が遅れたにもかかわらず、辛抱強くアドバイスをくださった金融財政事情研究会の谷川治生氏、そしていつもながら週末の執筆作業を陰で支えてくれる妻の泉に、この場を借りて感謝の意を表したい。

平成27年8月

富樫　直記

【著者略歴】

富樫　直記（とがし　なおき）

オリバーワイマングループ株式会社　日本代表パートナー

1984年早稲田大学政治経済学部政治学科卒業後、日本銀行入行。営業局、米国留学（フレッチャー法律外交大学院修士）、考査局、信用機構局、ロンドン駐在などを経て、1999年1月、金融戦略コンサルティング会社フューチャーフィナンシャルストラテジー株式会社代表取締役社長に就任。2010年5月から米国を本拠に約3700名が金融・非金融の幅広い業種の経営コンサルティングをグローバルに展開するオリバーワイマングループ株式会社の日本代表パートナー。銀行、証券、生保・損保、アセットマネジメント、カードなど幅広い分野にわたり国内外の戦略コンサルティング案件を多数手がける。

主な著書に『金融解体か再生か』（ダイヤモンド社）、『金融ビジネス論』（日本評論社）、『金融大統合時代のリテール戦略』（ダイヤモンド社）などがある。

目　次

第3章 価格戦略からのパラダイムシフト

第4章 ライフプランニングで変わるチャネル戦略

第5章 これからのセグメント別顧客戦略

第6章 人口減少下でも収益をあげるビジネスモデル

第1章

フロー成長からストック食いつぶしの時代へ

1　1997年の大転換

アベノミクスとそれを受けた日銀の超金融緩和によって、日本経済はデフレの長いトンネルを抜け出しつつある。他方、人口減少、少子高齢化、年々ふくらむ一方の社会保障費と年金保険料、税の国民負担といった構造問題についてはいまだ解決の道筋ははっきりとしない。

今後より多くの需要が、引き続きアジアなど海外の成長市場、新興市場に見込まれるなかにあって、日本企業の資金需要の海外シフトは、デフレを無事脱却したとしても止まりそうにない。日本の銀行の今後の経営にとっては、アベノミクスによる景気回復の影響以上に、こうした日本の社会経済の構造変化とそれが銀行経営に与えるインパクトを正確に見据えることが、いまこそ必要である。

戦後金融経済の大転換といえる構造変化は、2007年のリーマンショックによってもたらされたものではない。それは戦後初めての銀行破綻が起こった1997年から始まっていた。ただ、残念ながら、2002年から2007年までの小泉政権のもとでのITバブルと改革期待の株価回復によって構造大転換に気づくのが遅れてしまった。そのツケが今日構造改革を財政面からますます困難にしている。

本書のテーマである今後の銀行経営を考える前にやや回りくどいが、1997年の構造大転換についてまずみておこう。

地方の人口減少、勤労世帯の所得・消費支出の減少、家計の貯蓄率減少、「専業主婦に夫が勤労という世帯数」と「共働き世帯数」の逆転、これらの指標はすべて1997年前後を境に転換点を迎えている（図表1）。さらに、上場企業の倒産件数は戦後初めて銀行が破綻した1997年を境に二桁に急増し、失業率は翌1998年、高度成長期以降初めて4％を突破。自殺者数は1998年に前年比1万人近く急増してはじめて3万人を突破、以降2011年まで一度も3万人台を下回ることなく推移した。2012年にようやく3万人台を切ったが、それとは裏腹に生活保護世帯の受給者数はこの時期急増している（図表2）。さらに、戦後の高度成長、生活水準の向上とともに伸びてきた外食市場の規模も1997年をピークに減少に向かった。また、ある意味生活文化の豊かさの象徴でもあった出版業界の社数も、1997年をピークに下がり続けている。

さらに日本の企業、家計が苦境に向かって転換を迫られ始めたころと時を同じくして、外国資本が幕末の黒船のごとく、以降の日本の金融市場を揺るがし始めたことも見落としてはいけな

[地域別人口推計]

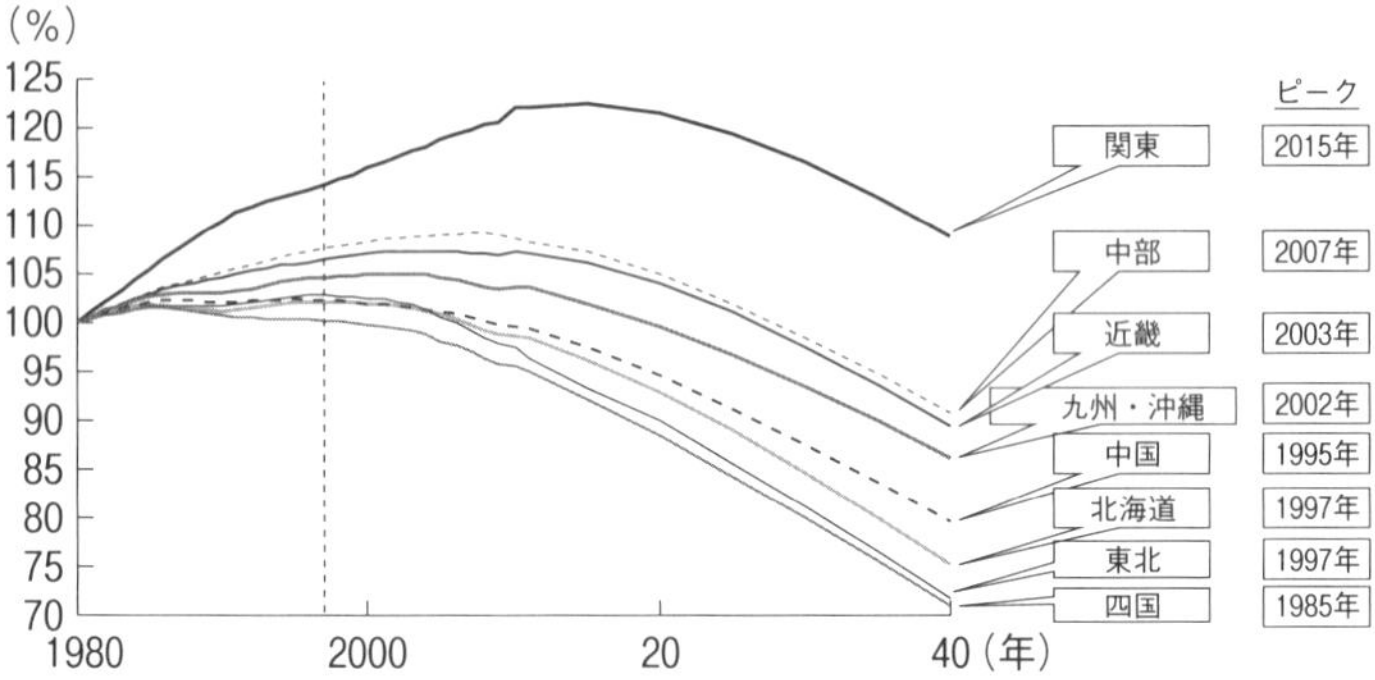

(注) 1980年の人口を基準（100%）とした各地域の増減率。破線は各地域のピークの年。

(出典) 総務省統計局「人口推計」、「日本の地域別将来推計人口」(平成25年3月推計)

[全国の人口動態]

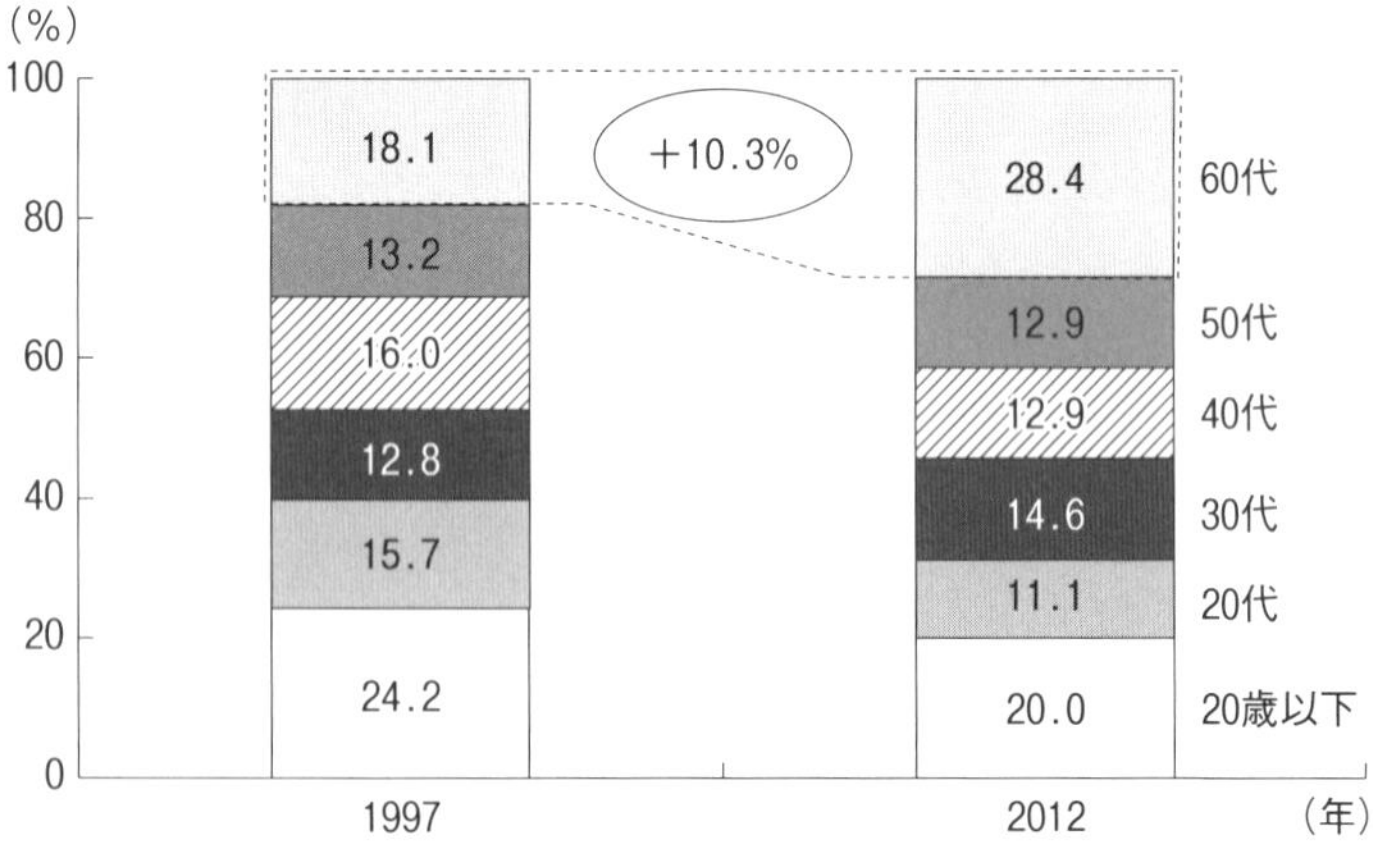

(出典) 総務省統計局「人口推計」

図表１　1997年の大転換(1)

[共働き世帯数]

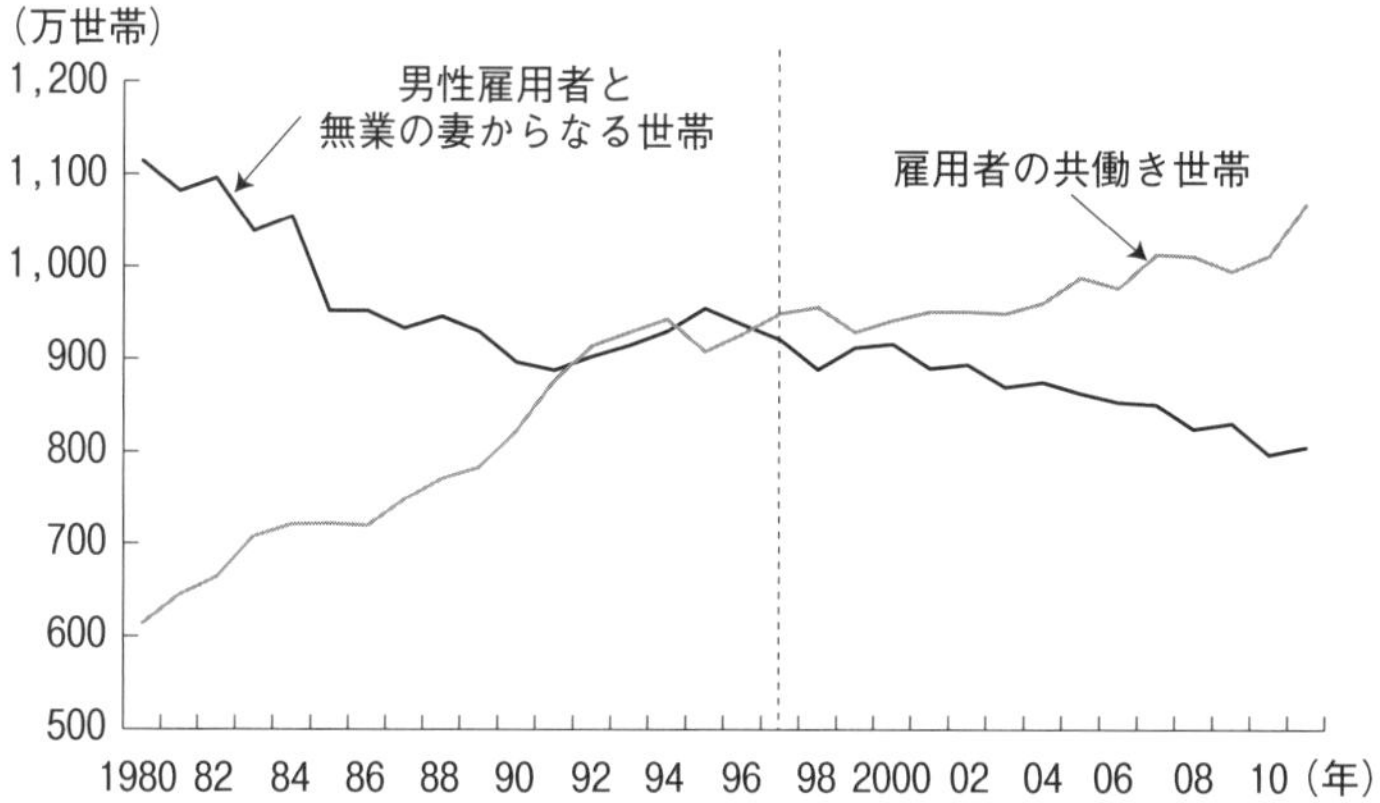

（出典）　総務省「労働力調査特別調査」(1980～2001年)、「労働力調査（詳細集計)」(2002～2011年)

[勤労世帯の平均所得と平均消費支出]

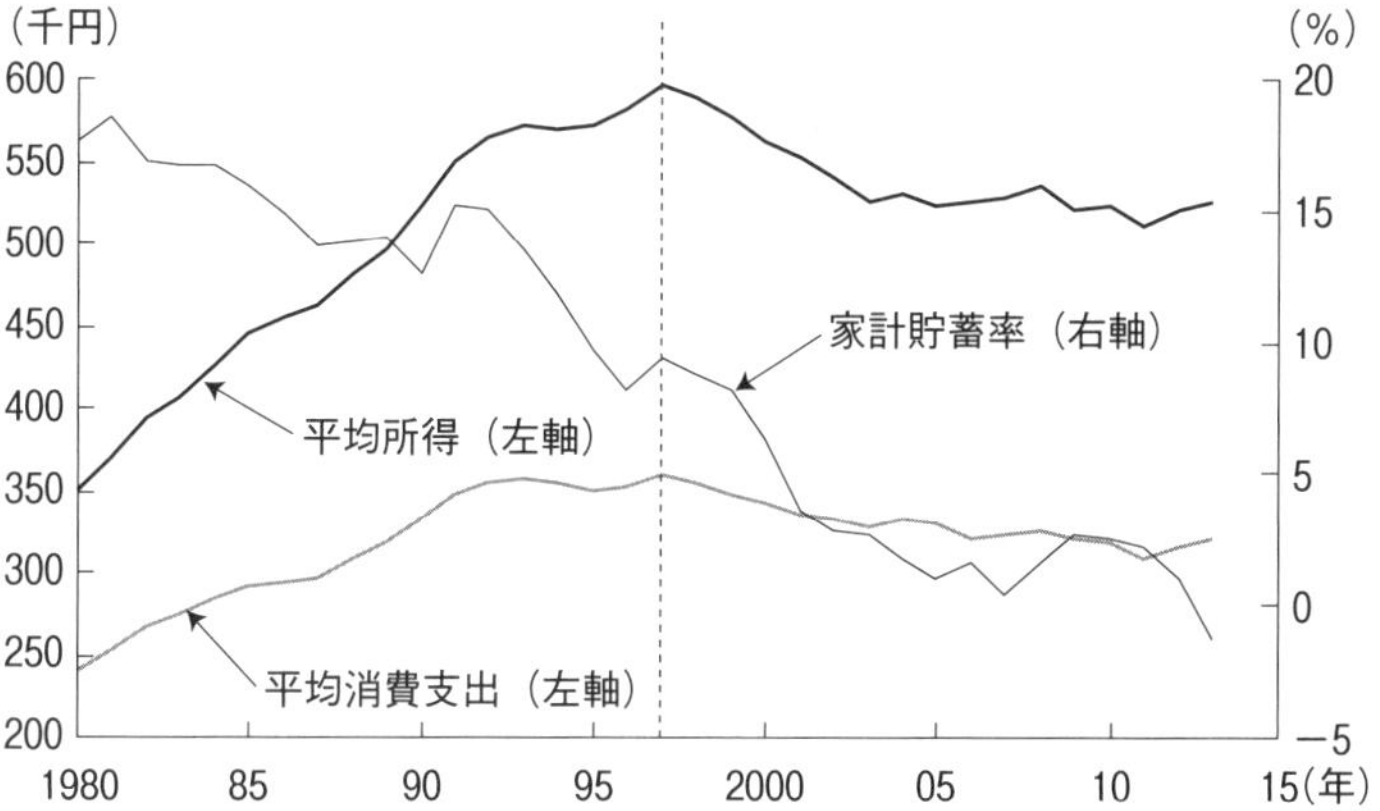

（出典）　総務省「家計調査」、内閣府「国民経済計算2010年」

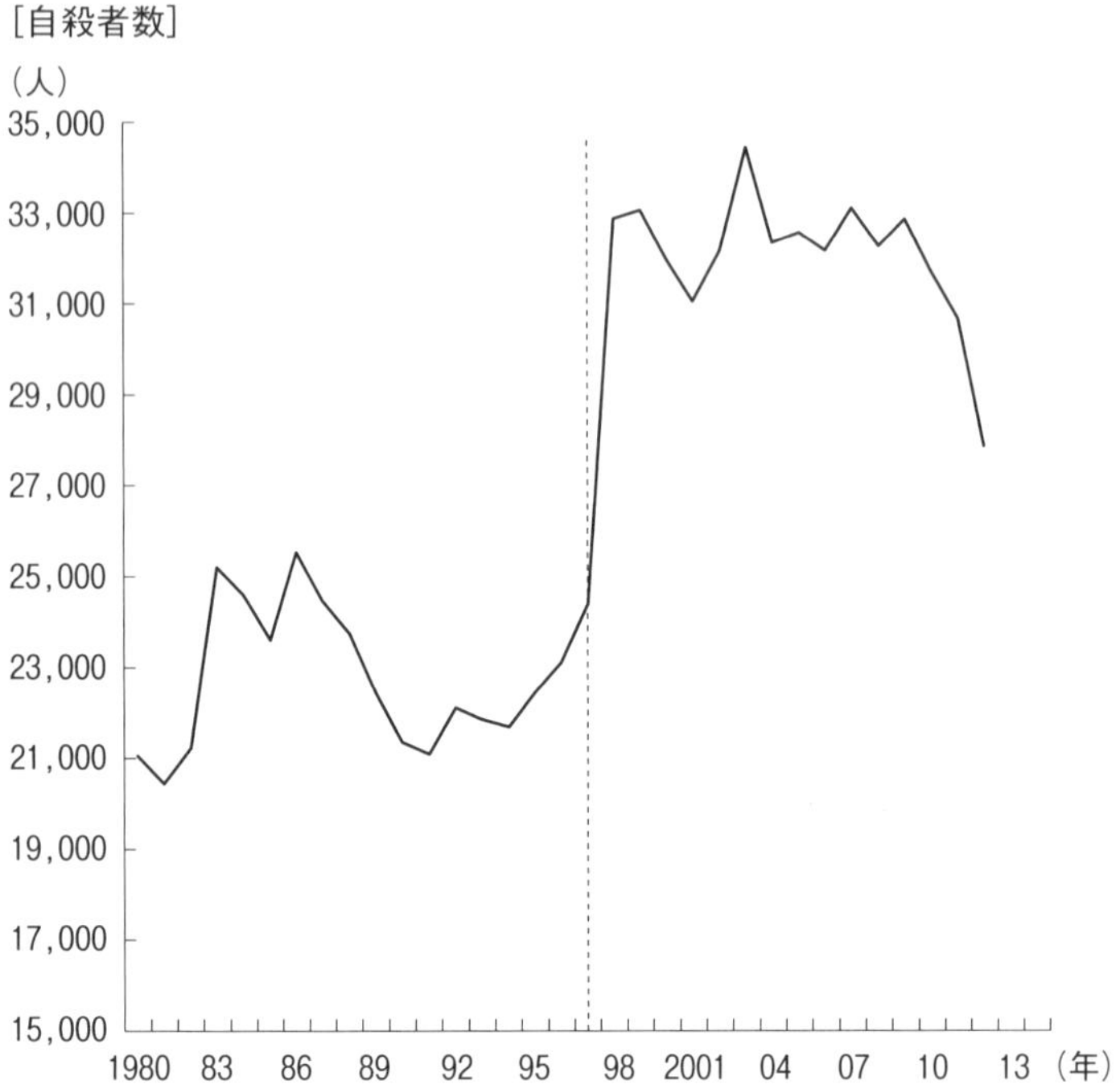
[自殺者数]
(人)
35,000
33,000
31,000
29,000
27,000
25,000
23,000
21,000
19,000
17,000
15,000
1980
83
86
89
92
95
98
2001
04
07
10
13
(年)
(出典) 警察庁

図表2　1997年の大転換(2)

[上場企業と銀行の倒産件数]

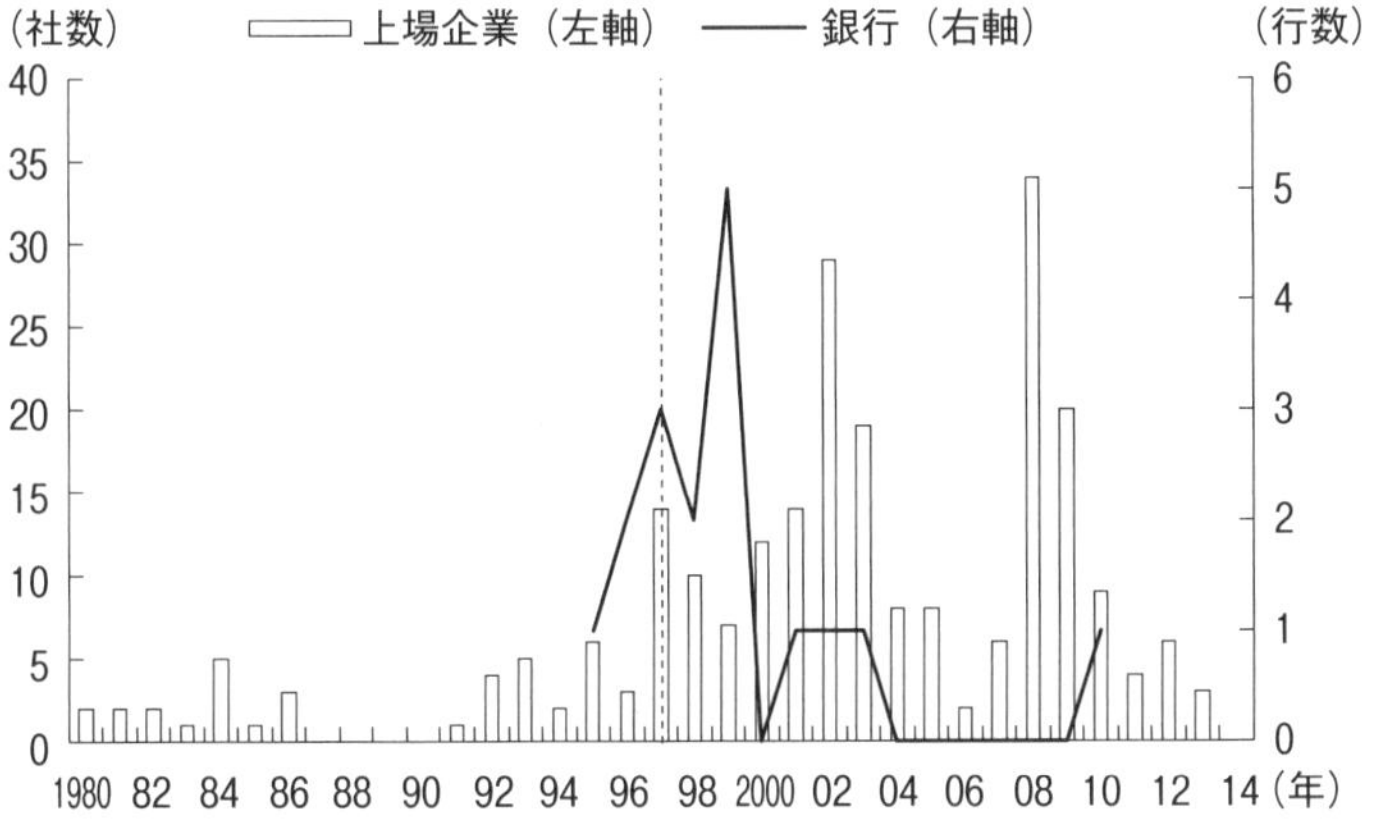

(出典)　帝国データバンク

[生活保護世帯数]

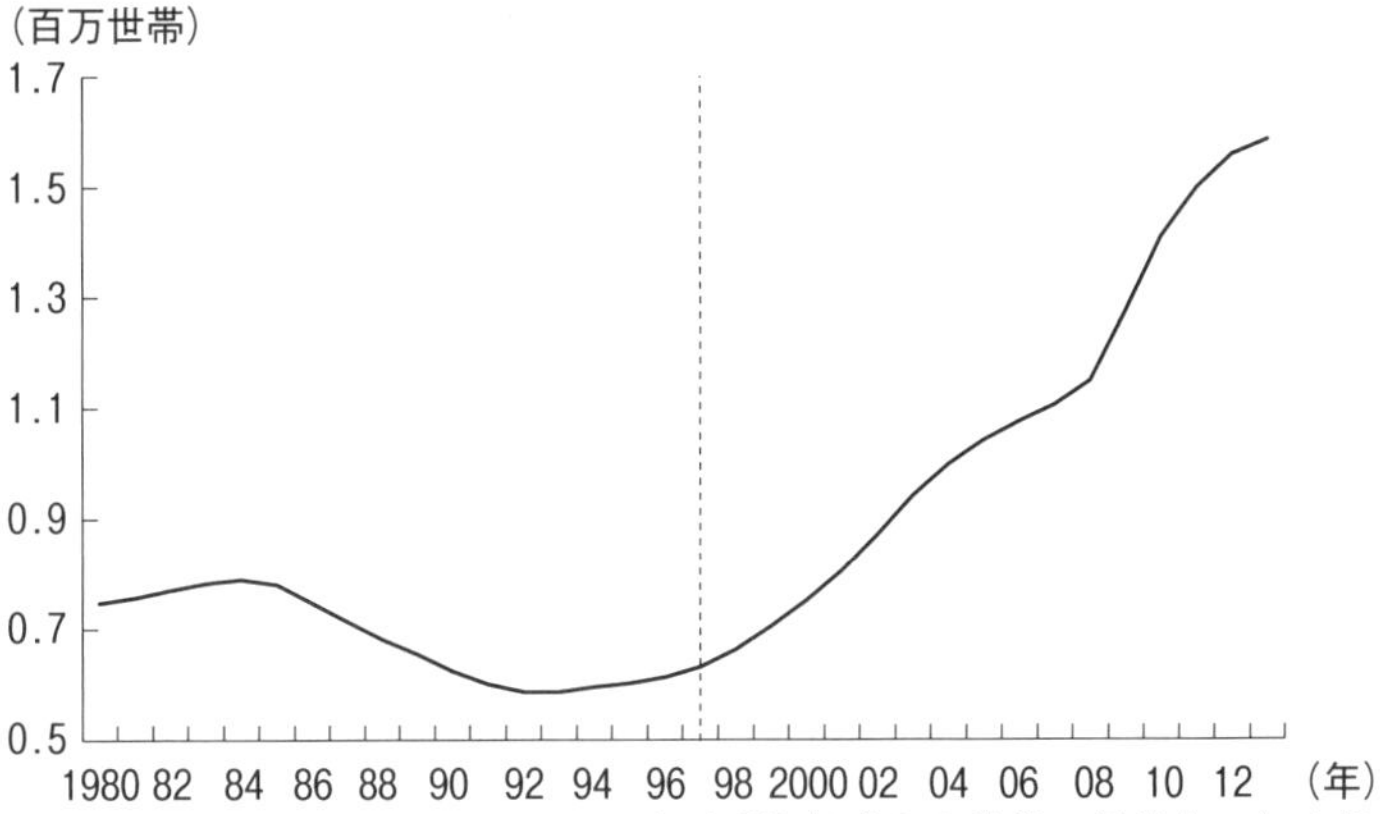

(出典)　国立社会保障·人口問題研究所「被保護実世帯数・保護率の年次推移」(1980〜2012年)、厚生労働省「被保護者調査」(2013年)

い。日本の株式市場の外国人売買比率が国内金融機関のそれを上回ったのは１９９７年であり、以降今日までそれは逆転することなく続いているどころか、日本の株価は外国人投資家で左右されることが今日では半ば常識ともなっている。これを日本金融市場の国際化の象徴とみるのは、１９９０年後半の日本の社会経済の大転換をみれば、いささか浅薄すぎるであろう。

戦後一貫して築かれてきた豊かさの指標の多くが、かくも１９９０年代後半に集中して転換した背景には、銀行の戦後初の破綻がある。戦後日本経済が短期間で高度成長を成し遂げ、世界第2位の経済大国に上り詰めた背景には、日本のモノづくりへのこだわり、技術の重視、勤勉さがあったことは疑う余地はない。しかし、トヨタをしてそうであったように、それを資金面で常に支え続けることのできる銀行の存在がなければ、日本株式会社の戦後の偉業は達成できなかったことも歴然とした事実である。戦後日本経済の奇跡は、技術革新と銀行貸出が、いわば車の両輪として機能した結果である。

しかも、誤解をおそれずにいえば、銀行貸出は高度成長の奇跡を起こす十分条件であったといえる。他方、資金調達における銀行への集中的かつ継続的な依存が成り立つのは、銀行が健全であり続ける限りにおいてである。もちろん、銀行といえども多くは株式会社形態の私企業であった。しかし、戦後、政府、金融当局は戦後経済を支える資金のパイプ役としての銀行を潰さないための保護措置を施してきた。それが長らく銀行不倒神話といわれ続けたゆえんであり、銀行業が今日でも強い規制業種といわれるゆえんでもある。

銀行と企業の車の両輪の関係は、銀行と企業の株式の持合いとなって象徴的に現れた。この経済合理性を超えた両者の関係が、日本経済の奇跡を日本の技術発展とともに支えたのは間違いがない。しかし、それは私企業である銀行が潰れない限りにおいてであった。１９９７年戦後初の銀行破綻発生以降、銀行界は苦境に向かい、その当然の帰結として株式の持合いは減り始めていった。それとともに安定株主といわれた日本の銀行、生保の日本株式市場でのプレゼンスは低下し、それにかわり、外国人投資家が株式市場に大きな影響を与えるようになったのである。

企業の資金調達における銀行への依存は、当の銀行が経営不振、破綻という状況に陥ると脆い。また、依存が長期にわたるほど、それが崩れ去ったときの影響は深刻化する。原因と結果を単純化しすぎているとの批判も経済学者からは予想されるが、あえていおう。戦後経済を資金面で支えてきた銀行の屋台骨が揺らいだことが、１９９７年前後に戦後の日本社会経済の構造的大転換をもたらした最大の要因である。１９８０年以降、年に数件あるいはゼロ件だった上場企業の倒産は、１９９７年以降突如二桁にのぼり、以降２０００年代初めにかけて30件を超えるまで増加した。これはそれまでなら窮境に陥った取引先企業を支え続けてきた銀行が、背に腹はかえられず倒産を看過せざるをえなくなったからである。不良債権をもはや抜本的に処理しない限り銀行の再生も望めなくなったのである。

ただし、筆者はだからといって、銀行を保護し、以前のような持合いを基盤とした企業と銀行の関係に戻れと主張するつもりはない。それには反対であるし、今日これほど国際的な金融規制の波を受けているなかにあって、それは鎖国の江戸時代に戻るほどのアナクロニズム、日本の孤立をもたらす愚策である。

では銀行不倒神話がもはや本当に神話でしかなくなった今日において銀行は今後どのような道を歩むべきであろうか。これを考えるうえで、これまで触れてきた１９９７年の構造的大転換がもたらす銀行経営への意味を十分に考える必要がある。１９９０年代後半の大転換は、人口（特に生産人口）のピークアウトと世帯所得・貯蓄のピークアウトという二つの意味でのピークアウトであった。国内消費の構造的頭打ち、縮小に伴い、国内実体経済のパイ（資金需要）も構造的な頭打ち、縮小に向かった。家計をマクロ構造的にみれば、少子高齢化と経済成長率の鈍化によるフロー（所得）の伸びの鈍化である。また、それは、フローからストック（金融資産）の保全・運用あるいはその食いつぶしへシフトしていく転換点であったといえる。

2　格差の時代到来による単純な価格戦略の終焉

国内のパイ（顧客数）の頭打ち、縮小とともに、もう一つ見落としてはならない点がある。それは、所得、資産両面での格差の時代の到来である。よくいわれる「中流層の崩壊」とは、金融的にはフローとストック両面での「格差の時代の到来」と表現することができる。それは数字の上では2004、5年あたりから表面化し、個人の資金、資産レベルだけではなく、地域のレベルでも今日顕現化している。「中央と地方の格差」、現在ではそれはほぼ東京への富の一極集中による「東京と地方の格差」と呼べるほど、格差は確実、着実に広がっている（図表3、図表4）。戦後の高度成長によって国民全体の生活と富が底上げされ、戦後日本は、元来貧富の差が激しい欧米先進国にはみられない「総中流国家」をつくりあげた。しかし、世界に例をみない安定的、均質な社会をつくりだした戦後日本の奇跡も、明治国家誕生以来約100年強を経た1990年代後半に終焉を迎えたといえる。

ここで格差の拡大について注意すべきことは、必ずしも格差が固定化されたものではないということである。富める者と貧しき者の逆転がありうる社会が米国ほどではないにしても、少なか

図表3　総中流国家の終焉(1)

［全国、東京、東京以外の所得階層別の世帯数］

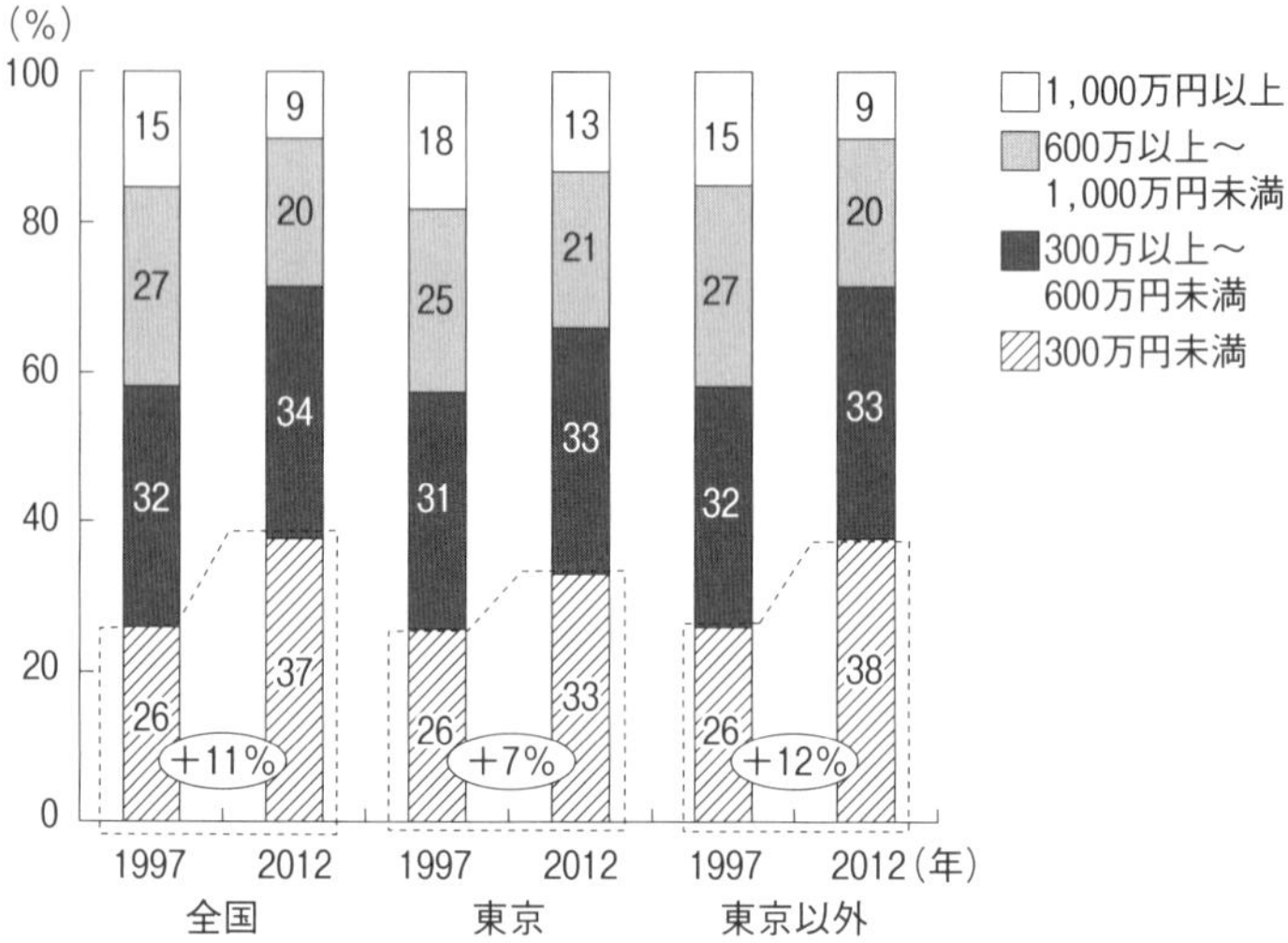

（出典）　厚生労働省「国民生活基礎調査」

図表4　総中流国家の終焉(2)

[全国の金融資産階層別（注）の世帯数]

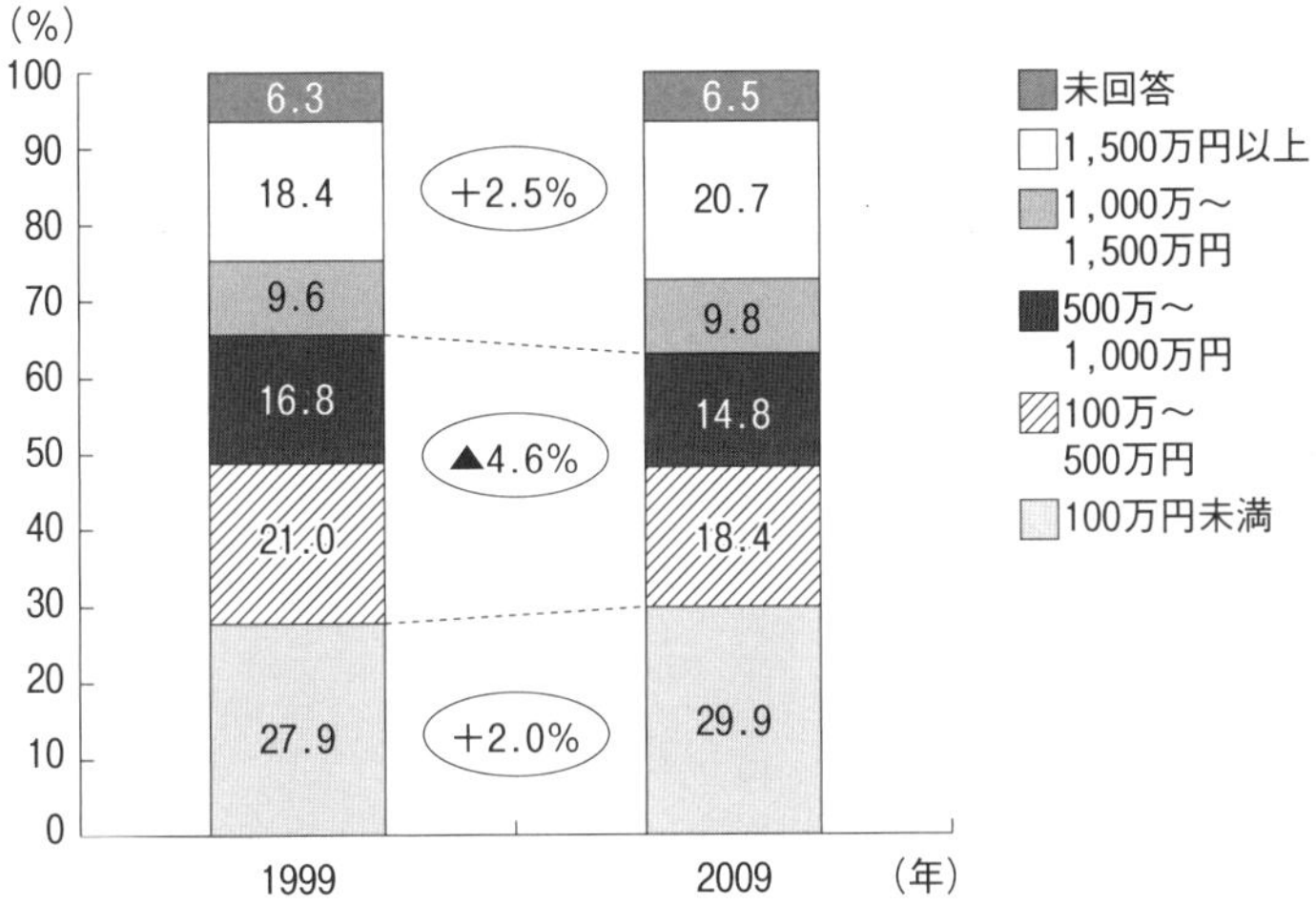

(注)　金融資産＝貯蓄－負債。

(出典)　全国消費実態調査

らず日本にも確実に訪れている。2000年代初めのITバブルの発生とその崩壊によるIT長者の出現と没落は、その一端を示したものである。

日本の銀行にとってこの格差の拡大にこそ、戦後の高度成長を前提に続けてきたビジネスモデルの大転換が必要な背景がある。たしかに人口減少による預金の減少や資金需要の減少は、量的拡大を是としてひた走ってきた銀行にとってかつて経験したことのない世界である。パイの拡大ではなく、頭打ち、減少を前提とした場合に新たに求められる戦略は、ワレットシェアの戦略と呼ぶことができる。ワレットとは文字どおり財布のことであり、戦略論では顧客がもたらしてくれる収益の総額を指す。ワレットが意識されるのは、まさに財布の中身が限られた時、顧客収益の有限性が意識されるようになった時である。市場のパイが限られる時代。パイが減少する時代にあって、いかにワレットのシェアを獲得できるかが、重要になる。市場全体の成長率よりも市場における自社の相対的な成長率、ワレットシェアの伸び率が戦略の要の指標となるのである。

しかし、パイ拡大の頭打ちと減少の時代、すなわち収益機会の有限性が強く意識される時代においては、やみくもにワレットシェアの拡大だけを求める戦略をとっても成功はおぼつかない。現在、そして将来に向けてより高い収益性が見込める顧客シェア、より収益性の高い取引シェアの拡大が成功の条件となる。パイが増え続けた時代は、個々の顧客や取引の収益性に目をつぶっても、量を伸ばすことによって全体の収益を底上げすることは可能であった。

また、総中流の時代は企業金融においても個人金融においても今日ほど顧客の収益性格差に銀行の目は向いていなかった。このため、総中流の時代においては収益の平均値を指標として、すなわち単価を一定において後はその取引ボリュームをひたすら拡大するという単純な量的拡大戦略がとられた。銀行が常に資金量による順位・序列を意識し、預金量の拡大に血眼となったのは、量の大きさがそのまま収益の大きさを意味したからである。また、そこでは量の拡大のための方策として価格戦略がとられた。すなわち、他社より、より量を獲得するため、預金金利を上げ、貸出金利を下げる。他社がそれに追随すれば、その対抗策としてさらに価格を下げる。価格を下げた分、それを量でカバーしようとして量の拡大に拍車がかかる。

その結果として、貸出であれば無理やり貸出重要をつくりだそうと、いわゆる無理な貸込みが横行する。1980年代後半のバブル期の不動産担保融資や投資目的のアパートローンなどはその典型であった。また、預金金利競争もそれに共鳴して拍車がかかり、預貸利ざやは悪化する。それをカバーしようと低利による貸込みにさらに拍車がかかる。1980年代後半のバブルとその崩壊は、こうした単純な価格戦略が通用する時代が終焉を迎える前の覚醒現象とも呼べる。しかしながら、この世代に育った銀行の経営者はその後も長らくこの価格と量の呪縛から解き放たれることがないまま、２０００年代の最初の10年間を過ごしてしまった。

今日、その戦略がもはや通用しないことは、資金量４千億円のセブン銀行の利益が資金量４兆～５兆円クラスの地銀の利益を総じて上回るという事実をみても明らかである。この点について多くの銀行マンは、セブン銀行はバランスシートを食わない手数料ビジネスに特化しているから収益性が高いと指摘するかもしれない。しかし、ここで重要なことはバランスシートを食うビジネスをしているか否か以前に、セブン銀行が貸出よりも経費対収益の高い取引、すなわちそもそも単価の大きいビジネスにわき目も振らずに集中して、それを徹底的に行ったことである。単価の大きさは相対的なものである。セブン銀行以前にコンビニＡＴＭビジネスを徹底する金融機関が先に現れていたとすれば、これほどの単価は得られなかったであろう。しかし、従来のＡＴＭよりもコストが2分の1以下の新型ＡＴＭに集中投資し、それを短期間に設置して他が容易に追随できない幅広いＡＴＭネットワークを早期に築いたことがセブン銀行の成功の要因である。それは決してセブン銀行が価格戦略を仕掛けてきたわけではない。事実、セブン銀行とコンビニ提携をした他行はセブン銀行に手数料設定の主導権を握られた。これはコンビニの利便性を活かした効率的なＡＴＭインフラの早期設置の勝利であり、価格戦略ではなく、ネットワークを活かしたインフラ戦略の勝利である。それでは、価格戦略の終焉の後に来る戦略は何か。それを考えるには、まず格差の到来が銀行ビジネスにとって戦略的に何を意味するかを考えなければならない。

3 平均値思考から可変的思考への戦略転換

市場のパイ（顧客数）が、欧米ほど目立った格差を引き起こすことなく、全体として拡大しているとき、すなわちワレットの総計が大きくなっているとき、銀行の関心は市場における個々の取引の収益性の違いよりも市場全体のパイがもたらす収益の大きさに集中する。この状況での収益戦略は、平均のコストと平均の収益を計算し、取引の単価は一定という前提で、取引のボリューム目標を立てて、それを達成するためにひたすら営業に走る。

戦後日銀の金利政策においては、銀行が必ず順ざやを得られるように調達コストは貸出金利より低くなるような、いわゆる順イールドの金利形成が図られたため、銀行は逆ざやを気にする必要がなかった。このことも、ボリューム競争に拍車がかかることとなった。ボリュームさえ伸ばせば、それに平均利ざやを掛ければ、収益は自ずと決まってくるという構図である。銀行がバブル崩壊まで資金量の順位にこだわって預金や貸出のボリューム競争に走ったのも、資金量イコール収益額という構図が成り立っていたからである。今日のように資金量4千億円足らずのセブン銀行の収益が資金量4兆～5兆円の地銀の収益を上回る事態は、銀行界においては想定すらされなかったのである。

コストの管理も同様である。平均コストを弾いてそれに生産量や販売量を掛け合わせた総量のコストを総量の売上げとの対比においてコントロールしていく。バブル崩壊後、2000年代に入り、銀行が聖域を設けずに人件費、物件費の一律コスト削減に走ったのは、まさにこの考え方に基づくものである。業績好調を背景にコストをもっとかけるべきときも、不調になってコストを下げる必要があるときも、一律主義であった。この時、銀行の勘定系システムのアウトソーシングや共同化が地銀の間で燎原の火のごとく広がった。これも勘定系のどの機能あるいは将来に必要になるかもしれない機能に照らして、果たしてアウトソーシングや共同化をすることが妥当なのかといった、システム上必要な機能・サービスに照らして相対的にコストメリットを考えるという発想は残念ながら希薄であった。

このように当時コストの総量削減に走ったことの代償として、もし共同化参加銀行がこれから自行にとって本当に必要十分なシステム機能を開発しようとすれば、かえって想定以上のコストがかかる状況になっている。これは2000年代以降の住宅建築に例えてみるとわかりやすい。この時期に家を建てようとするとき、以前に比べてバリエーションが増え、そのためのパーツの標準化も進み、利用者には従来の注文住宅に比べ、自分好みの割には一見コスト効率もよい、いいこと尽くしのような家を建てることが可能となった。その一方、たとえば窓について標準仕様にはまらないサイズを少し入れようとするだけで、倍以上のコストを請求される。その結果、本当の意味でのこだわりの機能やデザインの犠牲を迫られる。

国内市場のパイが伸びなくなり、頭打ちから減少に向かう時代において、単価を一定（平均単価の算出）として後は量の拡大に走るという、「平均値思考」は通じない。パイが減少し、かつ顧客のパイの格差が拡大する時代には、どのパイがより収益性が高いかの見極めが重要となる。すなわち、個々の顧客や個々の取引の収益性の違いが重要となる。人口減少や企業の海外進出等に伴って顧客の国内需要の有限性が高まるなか、限られた市場のパイを刈り取ろうとする企業側は生産人口の減少に伴って、資源制約を強く意識した戦略づくりを迫られる。

制約意識の強い状況では、一律の投資や一律のコスト投入・コスト削減ではなく、より収益が期待できるところとそうでないところを見極め、そのリターン・リスク性に応じてコスト・リスクの投入を傾斜的に行うことが求められる。そこでは、コストは一律投入あるいは削減の対象ではなく、期待される収益によって違う相対的なものとなる。すなわち、期待収益の違いによってコストの投入度合いも異なることになる。さらに「いったん生じた格差も逆転しうる不安定な時代」にあっては、その期待収益は時間軸によって変動しうることから、投入コストもそれに応じて柔軟に変化させることが必要となる。すなわち、期待収益によって投入コストを不断に最適化することが、国内のパイ頭打ち・減少と格差の時代にあっては、あらゆる戦略を思考する際の要となる。これを従来の「平均値の戦略思考」に対して「可変的戦略思考」と呼ぼう（図表5）。

「可変的戦略思考」に基づいて期待収益の違いや変動に対して投入するコストを常に最適化することが戦略成功の要となる。この戦略を従来の「価格主導の戦略」に対して「最適化戦略」と呼ぶことにする。小売業において今日、顧客の嗜好にあわせてテイストやデザイン、素材、あらゆる製品の構成要素がきわめて細分化されている。同種の製品であっても日本ではその組合せが微妙に異なるものが、今日これほど数多く提供され、かつ不断に見直しされ、改良が加えられているのも、最適化によるコストリターンの最大化を目指している結果といえる。マーケティングで語られるワン・トゥー・ワン・マーケティング（One to One Marketing）という言葉もビッグデータも、営業で語られるソリューションも、いずれも最適化を達成するためのアプローチの一つなのである。

日本の銀行は、この戦略転換に遅れをとってきたが、そのなかにあって人事戦略については2000年代の苦境を経て転換をいち早く模索したといえる。それは能力主義や成果主義と呼ばれた評価制度の導入である。また、銀行以外で目立って導入されたのが、早期幹部候補生の選抜・育成といった制度である。いずれも年功序列型の右肩上がりの給与制度から実力や将来の成長可能性に応じて企業が投入するコスト（経費、投資）は変わる、可変化するものであり、これは「可変的戦略思考」に基づく人事戦略ととらえることができる。もっとも、グローバルレベルでみれば、業績による報酬格差や職制による格差は欧米に比べかなり小さい。

戦後の高度成長期の価格主導の量的拡大戦略が1990年代後半に構造的な大転換を迫られてから、金融界以外の業界は最適化戦略への転換に歩み出した。金融界のなかでも銀行界は、戦後経済の安定的な資金供給と企業の成長支援を担ういわばラストリゾートであった。このため、破綻発生後の多額の不良債権発生に伴い、他業界に比べこうした戦略の転換が遅れたことは否めない。その分、銀行界は今後戦略の舵を最適化戦略に向けて加速度的に切っていかなければならない。それができなければ、従来型の銀行は個人からも企業からも見放されるであろう。それにかわって、小売やネットや通信といった異業種が特にリテールにおいては銀行市場の新たな勝ち組として今後飛躍する可能性が高い。この点についての詳細は後述する。

「可変的思考」
（リターンの期待増分に対応して投入コストを最適化）

「パイ全体が限定ないし減少している世界」

▶ 個別のパイ（パイの格差）に着目

「相対コスト」

▶ 個別のパイの期待リターンとコストの関係を算定

▼

期待リターンのより高いパイにコストを傾斜的に投入

[個々のパイの期待収益（注）]

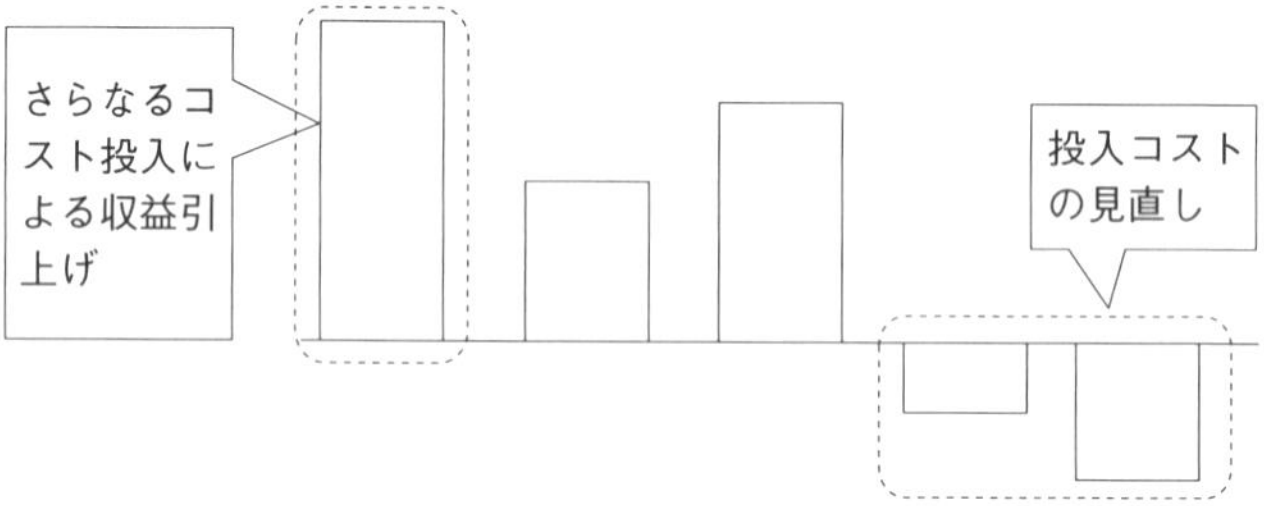

（注） 将来キャッシュフローの割引現在価値。

図表5　「平均値思考」vs.「可変的思考」

「平均値思考」
（単価を一定とした量の拡大）

「パイ全体が伸びる世界」

個別のパイよりパイ全体に関心

「絶対コスト」

パイ全体の伸びに必要な総コストを算定

・総コストをコントロール
・パイ当りの平均コストをパイの一律単価と設定し、これを基に量を拡大

[パイ全体の収益（実額）]

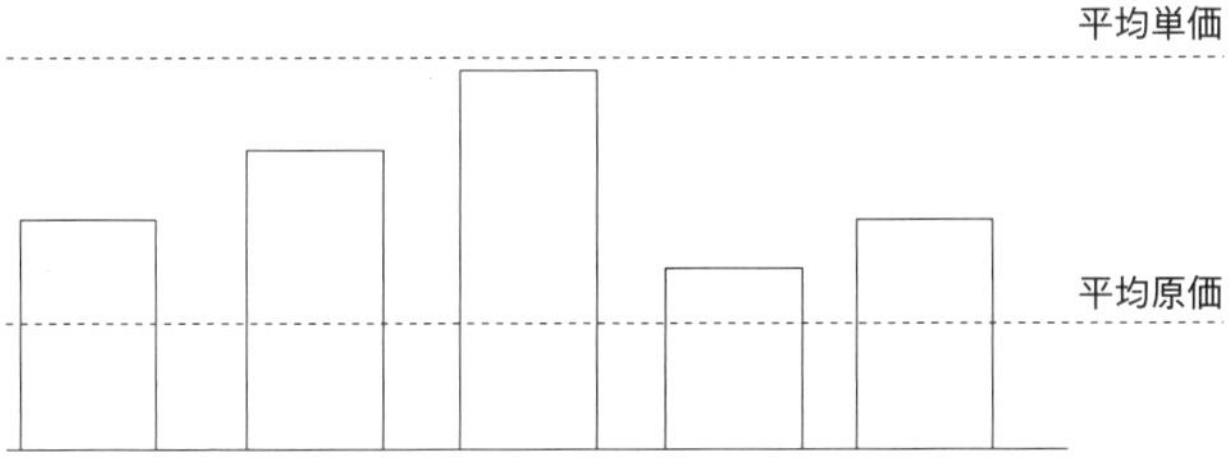

4 ビジネスモデルの転換による真の再編

1990年代後半の銀行破綻発生後から銀行界のオーバーバンキングが言われ続けてきた。また、最近では地銀業界の再編に注目が集まっている。先にみたように「パイの頭打ち・減少」と「格差の到来」によって戦略そのものの構造転換が迫られている。とりわけ、パイの減少と格差の拡大の影響が深刻な地方金融機関は、戦略転換を伴わない再編では従来歩んだ道と同じ道をたどることになる。規模の拡大によって一時的に収益規模が拡大しても、将来の利益成長率が高まる保証はない。再編を仕掛けても従来の平均値思考による価格主導の戦略のままでは、むしろ、価格主導、量的拡大というかつて来た道へ逆行するおそれのほうが大きい。

今後の銀行の戦略、ビジネスモデルを考えるにあたって、二つの転換をふまえる必要がある。一つはすでに述べてきたように、「パイの頭打ち・減少」と「高い変動性を伴った、いわば下克上もありうる格差の到来・拡大」である。この構造的大転換は、「従来型の価格主導・一方的な量的拡大戦略」から「最適化戦略」への戦略転換を迫る。もう一つは、銀行の業務範囲である。1990年代後半の構造的大転換とともに銀行業にもたらされた大きな変化は業務範囲の拡大である。特にリテールでは、１９９８年の投信窓販以降保険窓販も解禁され、クレジットカードも銀行が自ら発行できるようになった。その結果、地方銀行でも証券子会社を設立するところや大手の保険乗合代理店と組んで保険販売を強化するところも現れている。メガバンクも地方銀行も多くの銀行が、伝統的な預金・貸出業務から有価証券、保険も販売できる総合金融サービス業へと業務範囲を広げていった。それに伴って、競合相手も従来の銀行同士から証券会社、保険会社等へ広がったといえる。この点が銀行の今後の戦略、ビジネスモデルを考えるうえで考慮しなければならない第二の転換である。

折しもバブル崩壊後、ゼロ金利の長期化もあって、銀行は証券や保険販売の手数料ビジネスに熱心に取り組んだ。このようにみれば、１９９０年代後半以降銀行を取り巻く環境は、二重の意味で大きく転換したわけであり、今後その転換に対応した戦略、ビジネスモデルの構築がいよいよ待ったなしのところまで来ているといえる。

総合金融サービスを銀行が提供する一方、大手証券会社でもインターネット専業銀行を設立するところが現れた。また、保険業法も改正され、保険会社も銀行の設立が可能となった。銀行においては、リテールの保険販売において証券会社や保険会社とどう差別化できるかが総合金融サービス展開上の鍵となる。

銀行は、1998年の投信窓販解禁以降、2002年から2007年の小泉政権下での株価上昇局面で投信販売を拡大させ、公募投信販売に占める銀行の販売シェアは2006年に5割を上回った。しかしながら、その後はリーマンショックの2008年の52％シェアをピークに下がり続け、2012年に5割を切り、46％（2013年）にまで低下している（図表6）。片や、リーマンショック以降業績が落ち込んでいた証券会社はアベノミクスによる株価回復を追い風に2012年から業績回復し、2013年に最高益を達成しており、銀行とは対照的な結果となっている。また、銀行は投信販売が伸び悩み始めると、投信代替として低解約型終身などの貯蓄型保険、特に年金保険の販売に注力し、それに続いて医療やガンなどの保障性保険の販売にも注力し始めた。もっとも、現状ではリテールの保険販売は4割近くが保険会社の営業職員であり、これに対して専属代理店や乗合代理店、ネット販売や通販、それに続いて銀行のチャネルが5〜6％占めているとみられている（図表7）。

図表６　投信販売の販売シェア推移――証券vs.銀行

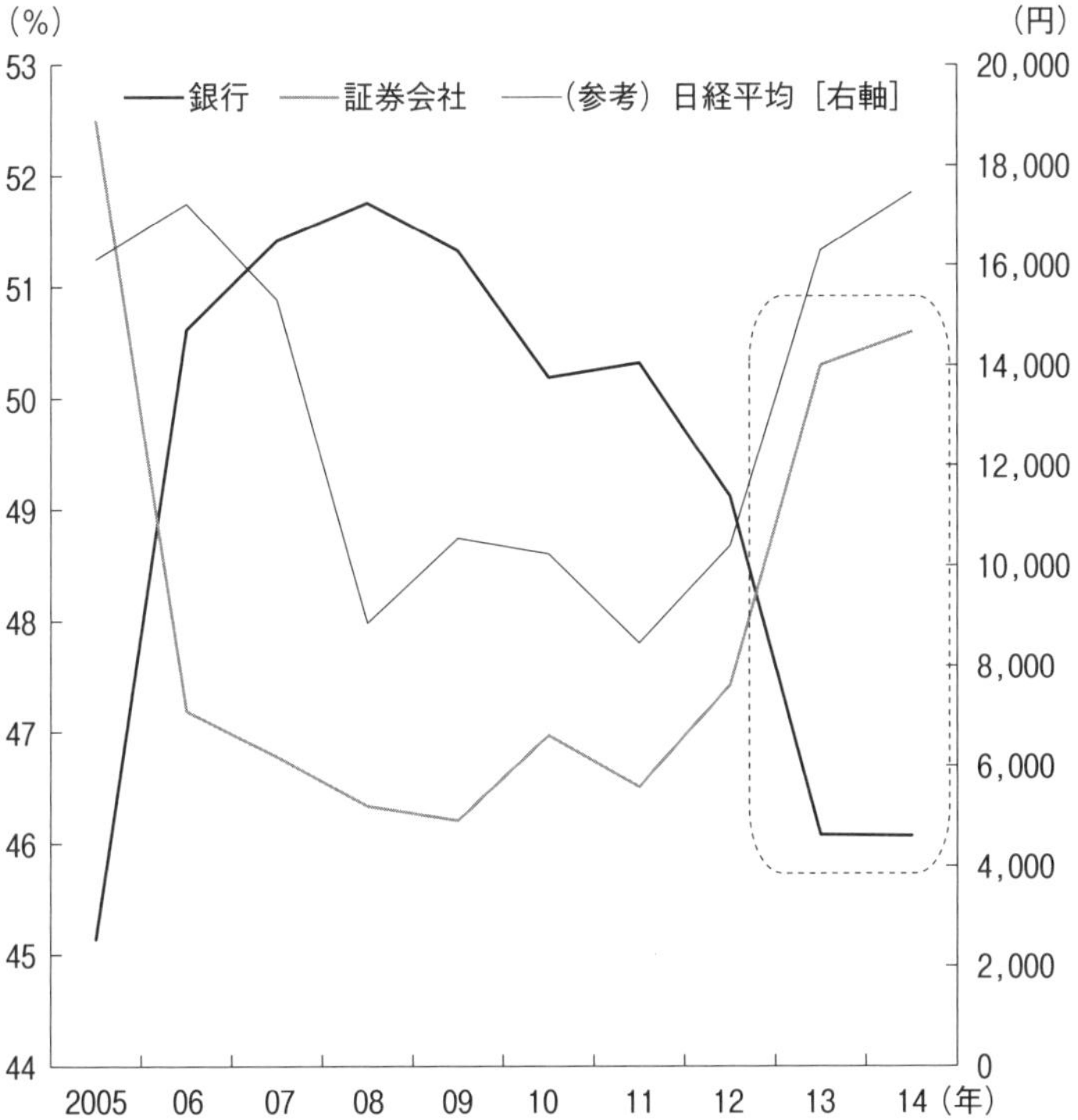

（出典）　投資信託協会「契約型公募・私募投資信託合計の販売態別純資産残高の状況（実額）」

図表７　生命保険の販売シェア推移

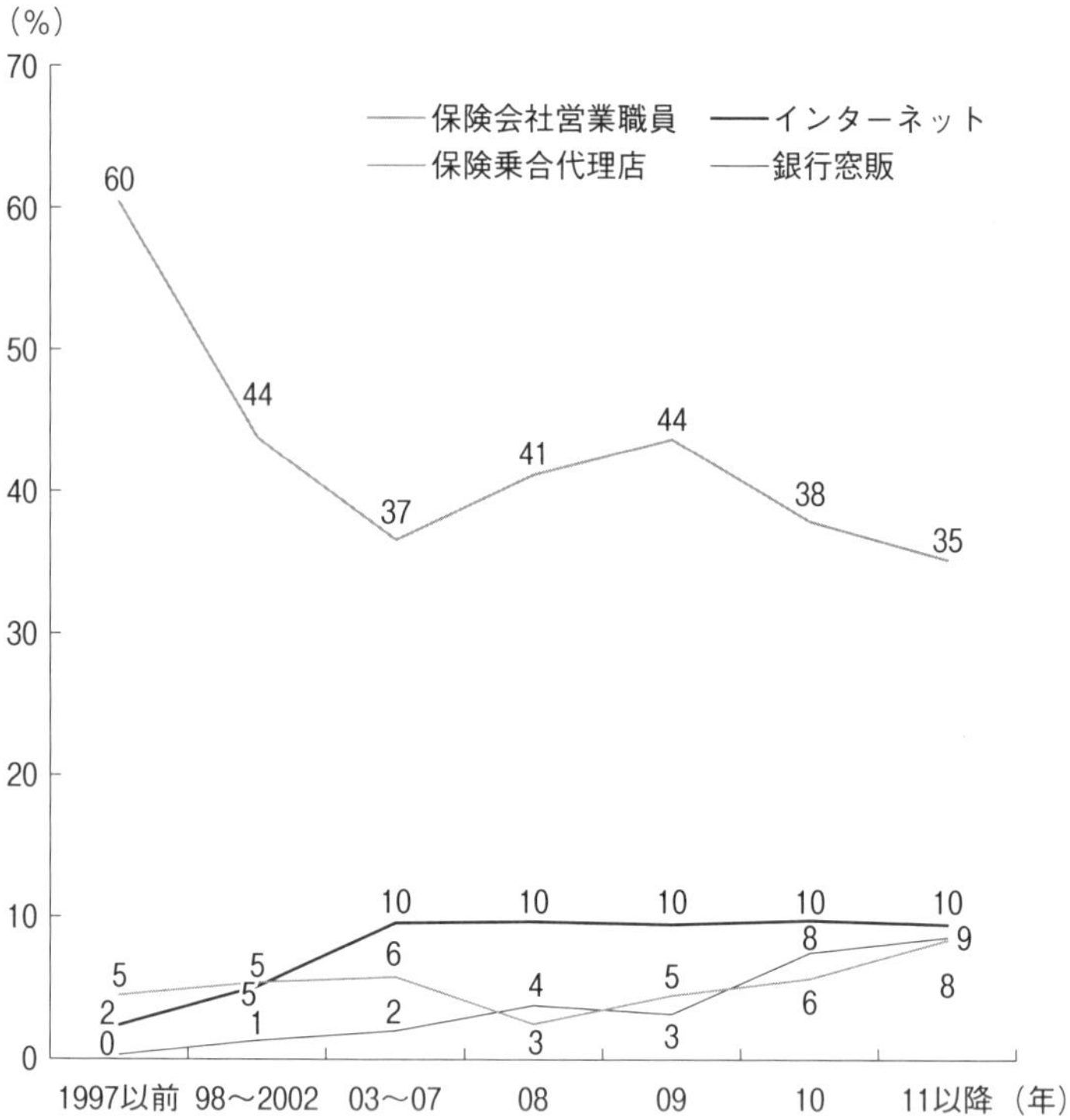

(出典)　ニッキンレポート2014年10月６日「窓販の浸透状況と商品の変遷(日本生命2013年１月ネット調査結果)」

5 顧客代理戦略の選択

投信販売におけるリーマンショック以降の銀行と証券会社の明暗のなかに最適化戦略と並ぶもう一つの銀行のとるべき戦略がみえてくる。小泉政権の株式上昇局面で銀行の投信窓販がシェアを伸ばし続けたのに、なぜアベノミクス下の株価回復局面ではシェアを伸ばすどころか低下しているのか。裏付けられる統計的数字がないのが残念であるが、はっきりしているのは、小泉政権下での銀行投信窓販において、銀行は定期預金残高の大きい顧客をメインターゲットにして預金から投信への乗換えで投信販売を伸ばした。その主力は、預金利息のように定期的に果実が支払われる分配型投信であった。これなら定期預金になじんできた顧客にも説明がしやすく、乗り換えやすい運用商品であった。したがって、これらの顧客には投信未経験者が多く、その意味では銀行はいままで証券会社があまり取り組んでこなかった新たな顧客層を開拓したといえる。換言すれば、銀行の投信窓販シェアの拡大は、証券顧客の奪取というより、投信顧客の裾野を広げ、市場のパイが拡大した結果である。この新しいパイは証券からすれば、銀行が定期預金でしっかり握っており、なかなか手の届きにくい客層であった。銀行は投信顧客のブルーオーシャン（競合のない市場）を開拓し、投信市場の裾野を広げたといえる。他方、証券会社は銀行窓販躍進の間も、従来から付き合いの長い株式にも投信にも広く投資する投資家は維持し続けていた。

リーマンショック後株価が下がり続けるなか、投信市場には、逆風下でも高い運用成績をあげるべく、通貨選択型や高金利通貨型など複雑でリスクの多い投信が集中的に投入された。だが、これらの運用商品は定期預金や分配型投信を好む銀行の顧客にはなじまない商品であった。また、この間銀行は証券会社の伝統的顧客を積極的に切り崩すこともしなかった。このため、安倍政権下の回復局面では証券会社が主に既存の投資家に株式そのものはもちろん、株式投信や分配型以外の投信も積極的に売ったことからシェアの5割回復と業績躍進を果たしたといえる。たしかに、この間、メガバンクが系列の証券会社を子会社化し、地方銀行でも証券子会社を設立するところも現れたが、証券会社のコアの顧客を奪取するまでには到底至らなかったといえる。

この対照的な結果からみえることは、顧客層の違いである。この違いは、銀行と証券両者のこれまでのそもそものビジネスの中身の違いに基づく顧客関係形成の経緯、方法の違いである。このことこそ、「最適化戦略」と並び、今後銀行がとるべきもう一つの重要な戦略の必要性を物語るものである。銀行にとって、保険や投信は自らが製造している金融商品ではない。また、銀行の顧客は、そもそもは預金口座の開設を通じて銀行との関係が始まる。証券のように資産運用商品の購入によって始まるのではない。今日、銀行が製造している住宅ローンや預金、決済商品についても、「脱」価格主導戦略の時代において、顧客のニーズに応じたあるいは将来のニーズを先取りした商品の開発、提供が他行との差別化として重視される。銀行が自ら製造しない保険や投信については、「個々の顧客にとって最適な商品は何か」という視点から、顧客が最適な商品を選択する手助けをすることが重要な戦略となる。これは「顧客代理戦略」と呼べる。顧客の代理、エージェントとして、最適な商品を選択し、販売することが、証券と異なる銀行のこれまでの顧客層あるいは銀行が新たに開拓する顧客層いずれにおいても、基本的な営業戦略となる。

人口減少による国内の消費需要の相対的縮小および生産人口の減少により、中堅企業や大企業は、人口増や近代化の進む海外市場を求めて海外での事業投資、事業展開を今後も積極的に継続する。したがって、銀行にとって国内市場はリテール市場がますます戦略的な主戦場となる。

ここではリテール市場を個人および個人事業主、中小・零細企業と定義しよう。今後銀行にとって、パイが頭打ち・減少に向かう国内のリテール市場では、資産運用ビジネスや保険ビジネスの分野の収益強化が、預金や貸出とのクロスセルという観点からも大きな戦略課題となる。総合金融サービスの展開によって期待収益も含め、収益性の高い顧客の奪取（ワレットシェアの拡大）と一顧客当りの収益の積上げ（単価のアップ）の双方を同時に進めることが銀行にとって勝ち残りの鍵となる。「最適化戦略」と「顧客代理戦略」は、まさに国内の主戦場のリテールにおいて勝ち残るための基本戦略である。また、後に詳しく触れるが、従来から本業といわれてきた貸出分野や決済分野でも小売・サービス業の参入によってこのままでは守勢に立たされる厳しい競争が待っており、ここにおいても銀行は最適化と顧客代理の観点から戦略の再構築が求められる。

次章以降では、決済、貸出、資産運用、保障（保険）という国内のリテール分野それぞれについてこの戦略が何を意味し、それをどう展開すべきかについて詳細に触れる。そののち銀行の海外ビジネスでの戦略について述べる。

第2章

差別化の鍵はライフプランニング

6 銀行とスーパー、コンビニの共通性

銀行のリテールにおける総合金融サービスの提供は、投信も保険も窓販という規制の緩和によってもたらされた。その結果、商品の販売方法は、預金決済、貸出、投信、保険と商品ごとに組織と担当を分けるかたちで展開されてきた。住宅ローンセンター、資産運用デスク、保険デスクなど店舗のレイアウトも商品ごとに仕切られた。銀行側からすると、それが来店者にはわかりやすい、来店者をニーズに応じて誘導しやすいという考え方に基づくものであった。しかし、こうしたやり方が証券会社や保険会社、住宅ローン専業のノンバンクに対して銀行の優位性を発揮できるものであったか。また、商品単品の販売積上げもさることながら、顧客へのクロスセルによる顧客単価の積上げが求められる時代を見据えた対応になっていたであろうか。

銀行、証券、保険の垣根がリテールの金融商品販売で取り払われた後、2000年代以降小売業による銀行設立やネット金融の出現、乗合保険代理店の拡大、さらに近年では小売業のほか携帯電話会社等も含めた異業種によるプリペイドカード提供などの幅広いレベルで小口決済ビジネスへの参入が目立っている。これら特定の金融商品やサービスを武器に参入するいわゆる「モノ

ラインプレーヤー（mono-line player）」に対し、銀行はもぐらたたきのごとく、個別商品レベルでの対応を図っているだけにしかみえない。店舗の商品別のレイアウトや商品を軸とした縦割り的な組織運営もその証左であろう。これでは、特定の商品、サービスで局地戦を仕掛けてくるモノラインプレーヤーが得意とする土俵に引きずり込まれて戦いを強いられることになる。圧倒的な戦力と資金力を誇る米国がベトコンとの塹壕戦、ゲリラ戦に苦しめられ、結局ベトナム撤退を強いられたように、マンパワーや資金力だけに頼った戦いは、場当たり的、散発的に投入した資源を無駄にしたという結果に終わる可能性が高い。

力だけの戦いは、従来型の価格戦略そのものである。それは大量買取仕入れで格安を武器に日本でGMSという業態をつくりあげたダイエーがたどった道と同じ道を歩むことになりかねない。それは、すべての分野をカバーしながらメーカー依存の品揃えで衰退した百貨店が歩いた道でもある。GMSも百貨店も、いま進行しているリテール金融の相次ぐ新規参入と同様、コンビニや製販一体型の衣料専門店やライフスタイル提案型の日用雑貨・インテリア専門店・セレクトショップなど多様なモノラインプレーヤーの出現によって、変貌を迫られたのである。

どんなに隆盛をきわめた産業、企業であっても、恐竜と同様、変化に適応できなければ絶滅の道をたどることになる。イオンのように地方を中心にモールによって一日楽しめる賑わいの生活空間を顧客に提供することで変貌を遂げたGMS、あるいはイトーヨーカ堂のようにLoftやFrancfrancなど新しい小売業態をグループのなかに取り込むとともに決済に特化して銀行業に参入して変貌したGMSなど、勝ち残っている小売業はいずれも変化に対して果敢に自ら変貌していった企業である。今日復活を遂げたといわれるコンビニも2000年代にはパイの頭打ちによる出店抑制、店舗統廃合を強いられていた。そのコンビニは中食市場や生鮮市場、カフェ市場への参入によって自らのパイを広げ、その分野の専業者のワレットを奪うかたちで復活し始めている。このコンビニのビジネスモデルの変貌については、銀行のチャネル戦略のところで詳しく触れることとする。

銀行にとって重要なことは、総合金融サービス業として自ら脱皮し、新しい総合金融サービス業を顧客に自ら提示することによって、「銀行が本当に変わった！」という驚き（Wonder）を示し、顧客から規制時代とは異なる前向きな支持を圧倒的に得ることである。そのためにはモノラインプレーヤーを駆逐する、あるいは協同する、あるいは飲み込むことさえいとわず、選択肢としていかなければならない。変貌を遂げることに成功した一部のGMSも、復活し始めたといわれるコンビニも、そのいちばんの拠り所になったのはいずれも利便性である。「何でも一通りそろっている」という品揃えの利便性あるいは「近い、遅くまで開いている」という距離と時間の利便性だ。しかし、その利便性という優位性に対して時代の変化にあわせてどんな付加価値をつけるかという点において同じ業態でも敗者と勝者の明暗が分かれた。

金融界において総合金融化当初は、品揃え、店舗網、ＡＴＭ網など銀行もかつてはある意味利便性を誇っていた存在であった。しかし、ネット専業銀行や決済ＡＴＭ特化の異業種銀行の参入によってそれまでのチャネルの利便性が脅かされている。

ここで着目すべきことは、利便性の高いスーパーもコンビニも提供している商品・サービスのコアは、日常の必需品・サービスである。スーパーもコンビニも提供商品の範囲は広がっているものの、一貫して変わっていないのはこの点である。この点において小売業態のなかでも群を抜く利便性、来店頻度を誇っている。家電量販店や紳士服・衣料品チェーンがどんなに増えても、ネットを除く世界での来店頻度という点では、スーパーとコンビニが今日も群を抜いている。

いうまでもなく銀行は、このような小売店に比べて顧客の来店頻度は高くない。しかし、金融業態のなかでは、証券会社の店頭や保険会社の保険ショップ、消費者金融や住宅ローンなどの貸出専業者の店舗に比べると、来店頻度は圧倒的に高い。スーパーやコンビニ同様、お金に関して日常的に必要なものを提供しているからである。それは預金を使った決済である。今後のリテール戦略は、「現金の引出しや預入れ、振込みなど、日常的に必要な資金を決済するため、すなわち資金繰りのための手段」を顧客に提供していることと位置づけることが重要である。

銀行が今後も総合金融プレーヤーとして、モノラインプレーヤーに対してまねのできない差別化を図り、ワレットシェアを広げ、顧客単価を上げていく鍵は、スーパーやコンビニ同様の利便性であり、さらに突き詰めればその利便性の源となっているこの手段にある。今日ではあまりに当たり前すぎて無料化の波も激しい古風ともいえるこの手段についてあらためて考察し、そのなかから「最適化戦略」と「顧客代理戦略」を具現化する鍵を読み取ることとしたい。

7 銀行の三つの金融機能

大学教養講座の金融論では銀行の金融機能として二つが教えられている。金融仲介機能と資産変換機能である。本書では銀行の戦略を考える観点から金融機能を考えるので、この二つの機能にはこだわらない。むしろ銀行が今日投信や保険も扱う総合金融サービスを提供していることを前提にすると、銀行がリテールで提供している金融機能は三つある。「資金繰り・資金管理機能」「保障機能」「資産形成、運用機能」の三つである。

「資金繰り・資金管理機能」は、銀行だけが今日も認められている預金決済業務によって提供されているものである。預金による決済によって現金やクレジットカードを問わずあらゆる決済手段による資金移動が最終的に完了する。これによって個人は日々の資金繰りをつけることができる。また、世の中の最終的な決済は個人が取引銀行に置く普通預金口座を経由して最終的には日銀にある銀行の預金口座間の資金移動によって完了する。個人にとってあらゆる決済は預金口座に集中することから、資金繰りをつけると同時に資金の出入りを管理することもできる。もちろん、銀行においては、銀行に固有の、銀行にとってあらゆるビジネスの土台となる、この機能が他の金融機関との最大の差別化の武器となる。

スーパーやコンビニにおいていまでもさまざまな商品、サービス提供にあたっての根源となり、他の小売業との差別化の源泉となっている利便性は、銀行においても差別化の源泉である。スーパーやコンビニの利便性の源泉は日常の必需品であるが、銀行の場合その利便性の源泉は、この預金決済という「資金繰り・資金管理機能」である。

これはリテールに限ったことではない。銀行のホールセール、企業への金融サービスにおいてもこの「資金繰り・資金管理機能」があらゆる企業金融ビジネスの機会を生み出す根幹の機能となっている。後ほど触れるが、海外のホールセールビジネスにおいてこの機能に基づくビジネスが、近年トランザクションバンキングとして本邦のメガバンクの注力分野の一つとなっている。

日々の資金の出入りによって個人の家計のキャッシュフローはタイトになったり、給与の払込みで余裕が生まれたり、頻繁に変動する。資金のタイト化の行き着く先はお金が足りなくなる状況である。お金が足りなくなったとき、それを工面するのが借入れである。また、将来お金が足りなくなる可能性に備えて、いまからそれに備える方法もある。為替に例えると、借入れがその時、資金を手当てするという意味で実物為替である。これに対して将来必要な特定の通貨をあらかじめいま予約しておくことを先物為替という。では個人の資金繰りにおいて将来のお金の必要の可能性にいまから備える商品は何か。それは保険、保障である。いまか、将来かの違いはあるが、借入れ・貸出と保険・保障は必要な資金を提供するという点では同じ機能である。ここではそれを「保障機能」と呼ぶ。貸出と保険・保障は相互に補完的な商品である。個人の家計の負債管理の手助け、負債のポートフォリオ管理の手段として、銀行はこの二つの選択肢を組み合わせて提供することが個人、家計の負債管理の助けとなる。それは、法人向けの金融では、貸出とコミットメントラインといった保証商品で銀行が果たしている機能と同様である。

お金が足りないのでなく、お金に余裕が出てきたとき、それを財やサービスに消費するのではなく、将来のお金の必要、特にリタイアした後の必要に備えて、余裕資金で金融資産を購入する。そのための手助けをするのが「資産形成、運用機能」である。この機能を使って銀行が提供できる商品は、今日預金にとどまらず、投信や年金保険などの貯蓄性保険など幅広い。

先にコンビニとの共通性のところで触れたように、三つの金融機能のうち、預金決済口座を活用した資金決済、すなわち「資金繰り・資金管理機能」がさまざまな金融業のなかで銀行にだけ残る固有の機能、特権である。今日、顧客の日常的な決済においては電子マネーやクレジットカードなどさまざまな決済手段が溢れている。しかし、いずれも決済が最終的に完了するのは、銀行の預金口座を通じた資金の移動であり、そしてその移動の尻、すなわち資金尻は日銀にある各銀行の当座預金の資金移動によって完了する。個人にとっては店頭で電子マネーやクレジットカード、現金を支払えば決済は終わったことになるが、世の中でそれらの決済が最終的に完了するのは、個人の知らない舞台裏で日銀にある銀行の預金口座間の資金移動によってである。

8 リテールバンキングの基本は負債コンサルティング

銀行の個人顧客のうち1行への預り資産が1000万円未満の数は、全体の95％から97％にのぼる。この層はいわゆるマス層と呼ばれる。収益という観点でみれば、このマス層の採算向上なしにリテールバンキングの収益改善、強化はありえない。また、銀行の社会的な役割からみても、預金決済という銀行固有の機能があるからこそ、銀行は巨大なマス層を抱えているわけである。したがって、この層に対するサービスの提供とそれによる収益の獲得は、銀行の存在意義そのものともいえる。全体でおよそ0・1％程度を占める1行への預り資産1億円以上あるいは全体のおよそ0・01％の預り資産10億円以上の富裕層向けのサービス、収益強化をねらっても、マス層の重要性は、日常的な預金決済サービスの幅広い提供を銀行が目指す限り、変わらない。

マス層の多くは、年収でみれば1000万円以下、平均的にみれば200万、300万円から600万、700万円の層になる。この層は、若年層のうちから中長期にわたって投資をできる余裕資金がある層ではない。むしろ、住宅ローンを定年までに返済することを目指して、20代、30代から20年から30年住宅ローン等の負債を抱えている層である。また、生涯借家暮らしの層や最近増え続ける独身層あるいは定職に就かず給与の増加もさほどないまま老後を迎える層もある。冒頭触れたように、1990年代後半、そして2000年代から明確となっている格差の時代の到来により、富裕層の数が増える一方で所得が低く、上昇もみられない層も引き続き拡大すると見込まれる。いわば、総中流層が崩れ、言葉は悪いが、所得、金融資産の少ない下流層とそれが多い上流層に分かれていき、かつ傾向として下流層がより拡大する見込みにある（図表8）。

したがって、銀行にとっても最も数の多いマス層の金融ニーズは、第一に少しでも豊かさを求めて、生涯の資金繰りをどのようにうまく行っていくかである。銀行が提供する機能でこのニーズに応えるものは、「資金繰り・資金管理機能」と「保障機能」である。資金が将来必要になる可能性・リスクに備えて保障（保険）を購入しつつ、資金が本当に不足する際に借入れで対応する。銀行が提供する資金管理・資金繰りの機能と保障機能をどのように活用し、生涯にわたり生活を豊かにしていくかについて、銀行が相談に乗り、最適なマネープラン、金融手段を提供することをここでは「負債コンサルティング」と呼ぼう。これこそ、マス層の数が全体の9割以上にのぼる銀行にとって、金融商品提供上の大前提となるサービスである。

銀行は、保障性保険よりも投信、年金などの貯蓄性保険の販売を先に認められた。また、折しも小泉政権下におけるITバブルの発生もあり、日本の株価は2002年からリーマンショック前の2007年にかけて上昇したことを追い風に、銀行は投信の販売に熱心に取り組んだ。これによって銀行がそれまで投信を購入したことがない新たな顧客層を開拓し、投信商品の種類、数が飛躍的に増えたことは先に述べた。しかし、リーマンショックを機に銀行の投信窓販は落ち込み、銀行はしぶしぶ投信より手数料の低い保障性保険の販売に手を伸ばした。この間、1997

図表 8　総中流化の形成・終焉・格差顕現化の流れ

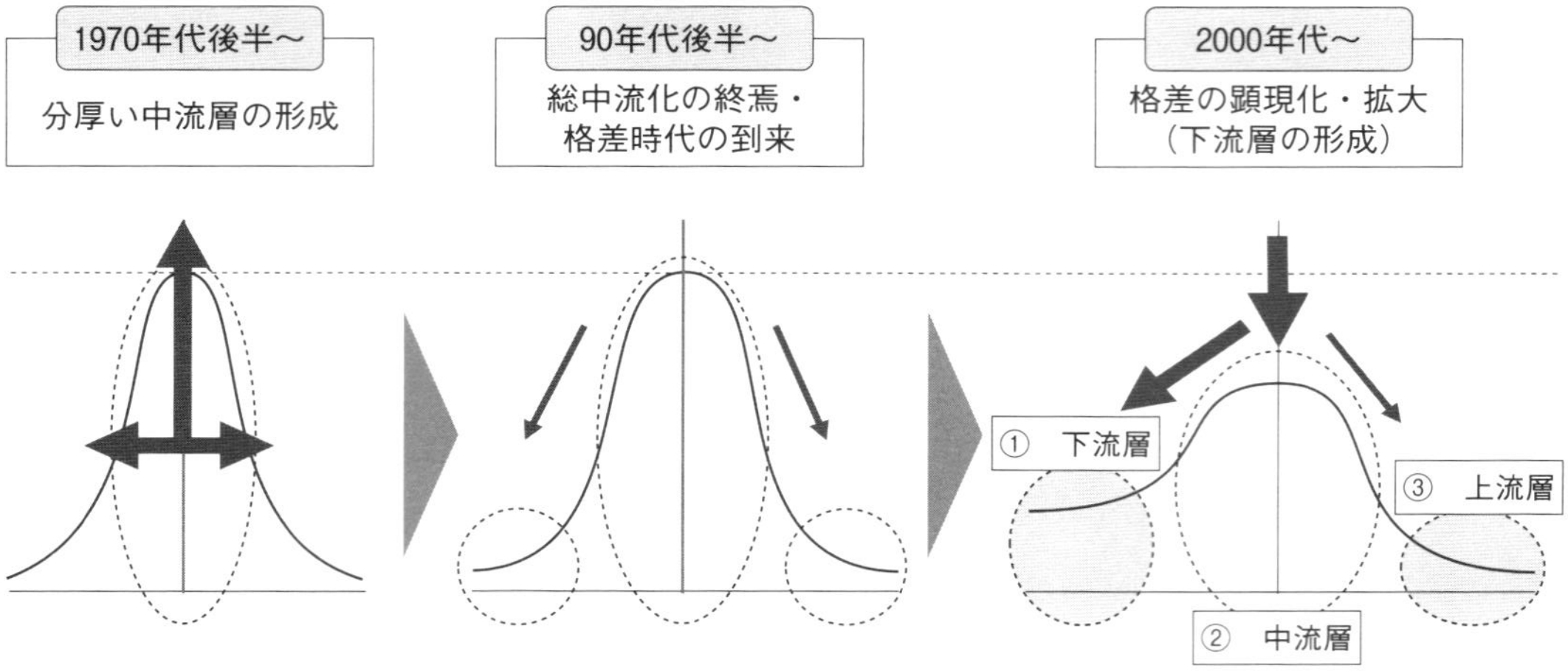

年以降株価上昇の間でさえ勤労世帯の平均所得は下がり続け、リーマンショック後、マス層にとっては投信の運用どころか、先々の生活不安に対してどのようにお金をやりくりすべきか、老後の生活をどう設計し、生活を守っていくべきかというニーズは、増え続け、着実に深刻化している。

これに対し、銀行は負債コンサルティングを提供するどころか、リーマンショックによる投信販売不振に頭を抱え、それにかわる運用商品として低解約型終身のような利回り期待の高い貯蓄性保険を積極的に販売した。負債コンサルティングの要の商品の一つである保障性保険に手を伸ばしたのは、その後、しかも手数料が投信に比べ低いため、その取組みはしぶしぶといった状況であった。ようやくここにきて保障性保険への銀行の取組みに腰が入ってきているが、先にみたように保障性保険はローンや預金決済と並び銀行のリテール戦略にとっては本来コアとなる金融商品である。負債コンサルティングという基本のサービスにとっては、欠かせない商品なのである。

9 負債コンサルティングはライフプランニングによって実現

繰り返すが、金融商品の提供の前に預金決済口座をてことした「資金繰り・資金管理機能」によって顧客の資金繰りの現状を把握し、その将来を探ることがあらゆる金融商品販売の出発点となる。預金、貸出、保険や投信という商品を顧客に掲げて、それへの関心やニーズを引き出すのではない。資金の余裕や逼迫の状況を把握して、そこからそれを解決するに適した商品を手当てしにいくのである。商品の打出し（Product Push）あるいは商品の魅力（Product Performance）を最初に語るのではなく、顧客のいまと将来の資金繰り状況（Customer Performance）の検討から、顧客と一緒にあるいは顧客にかわって（顧客代理戦略）、どの商品が顧客に最適かを考え、それを探し当てて提供するのである（最適化戦略）。

そのために、まず顧客の日常のお金の出入りの状況を把握する。これは、銀行が、法人金融の世界で伝統的に行ってきたことである。顧客のキャッシュフローから、お金に関していま抱えているリスクと、出産や入学、住宅購入など将来の資金繰りに及ぼす影響の強いリスクを検討する。そこからそのリスクへの対応として、決済から預金、投資、借入れ、保障性保険、年金などさまざまな金融商品のなかから、最適な商品を選択する。これは、将来にわたりお金に関する計画をしっかり立てることを意味する。その行為は一般にライフプランニングと呼ぶことができる。

ライフプランニングは近年、保険の販売においてよく耳にする言葉であるが、保険に限らず、生涯にわたる資金繰り、資産形成、負債の管理など、お金に関する計画を生活の実態や将来変化にあわせて、適時適切に立てることを意味するものである。したがって、ライフプランニングの結果として顧客に提供される商品は、あらゆる金融商品が対象になる。投信窓販解禁に伴い、支店長も含め行員が取得を半ば義務づけられたファイナンシャルプランナー資格もそもそも資産運用商品販売のための資格ではない。それは、顧客のニーズにあったお金のライフプランを立てるための資格である。

銀行のリテールバンキングの基本である負債コンサルティングは、このライフプランニングによって行うことができる。また、ライフプランニングは、金融資産づくりや金融資産の運用にも、もちろん欠かせない。ライフプランニングは、これからのリテールバンキングの二つのコア戦略、顧客代理戦略と最適化戦略を実践するための必要不可欠な手段なのである。

銀行のリテールバンキングの現場でこれまでライフプランニングが実践されてきたかといえ

ば、その答えはNOである。その理由は顧客がどのようなときにライフプランニングを受けにくるかをみれば、よくわかる。現在、ライフプランニングの現場をもっとも目の当たりにすることができるのが、保険の乗合代理店である。乗合代理店はこの10年で急速に数を増やした。この代理店は、乗合いという言葉が意味するとおり複数の保険会社と販売代理契約を結び、顧客へのライフプランニングを通じて顧客のマネープランに適した保険商品を選定、販売するものである。

乗合代理店に相談に来る顧客の年齢層で最も多いのは、20代後半から30代後半の幼児を抱えたいわゆる若年夫婦層である。大手の乗合代理店では、この層が全体の6割強を占める。これは第一子の誕生を機に子どもの教育を含め、家族の将来のお金の生活設計に初めて正面から向き合う世代である。その相談の中心は、将来のお金の必要にどう備えるかであり、家計の負債にかかわる相談である。次に多い年齢層は、40代後半から50代前半の中年夫婦層だ。その多くは、子どもが社会人になり自立するのを機に子どもの養育を前提としてそれまで加入していた保険を見直す、保険の見直し層である。また、子どもの自立の仕方によって地元にいずれ戻ってきて家を継ぐのか、あるいは継がないのかもわかることから、保険の見直しにとどまらず、老後の生活設計というニーズも顕現化する世代である。

では、銀行はこれまでどの世代をターゲットにリテールバンキングを推進してきたであろうか。銀行は住宅ローンと老後世代への資産運用商品を二つの収益の柱として、この拡販にもっぱら腐心してきた。従来社会人を機に初めて自分の口座を給与振込口座のかたちでもった若年層に銀行側から積極的にアプローチすることはまずなかった。若年層はお金をもたないから資産運用の余力どころか、クレジットカードもたいして使わない、銀行にとって儲からない層としてまともに相手にされなかった。結婚してようやく住宅をもつときに住宅ローンの販売で初めて顧客の生活設計にまともに向き合った。その後は、定年で退職金が口座に振り込まれるときに高金利の定期預金をキャンペーンして老後の金融資産の取込みに走った。このように銀行が住宅ローンと老後の資産運用に焦点を当てた戦略になるのも、目先の収益獲得に腐心していることの表れである。顧客マーケティングの重視、顧客中心主義（customer centric）、ＣＲＭを掲げても、結局は商品戦略と商品に基づく縦割り型の営業組織運営がリテールバンキング戦略の要、いや営業の現場ではそれがすべてといっても過言ではないであろう。結局、銀行のリテールバンキングの視点は、商品の視点であり、いかに早く収益をあげるかという観点で営業の現場を動かしてきた。

これに対し、顧客側からみれば、生涯にわたる金融へのニーズは、結婚するかしないか、そして子どもが生まれるか生まれないか、何人生まれるか、子どもが地元で親の実家を引き継ぐのか、という子どもの有無、人数、彼らの自立の仕方によって、左右される。住宅も郊外の庭付き一戸建てか街中のマンションか借家か、老後の過ごし方もすべて子どもたちとどう暮らしていくかで決まるといっても過言ではない。団塊の世代の多くは、庭付き一戸建てを夢みて郊外に家を構えた。これにあわせて郊外にドーナツ状にベッドタウンが広がった。しかし、バブル崩壊後、地方においては人口減少と雇用市場の縮小から、若者は東京や大阪などの大都市で就職し、地元に戻らない傾向が強まっている。これにより地方では、団塊の世代が高齢化に伴い、子どもが後を継がない郊外の一戸建てを売却して市街の便利なマンションに移り住む傾向が強まっている。街中のコンビニがこうしたシニア層を意識したレトルト惣菜や小分けの生鮮野菜を置き始めたのも、また車を手放す高齢者が増え、さらに郊外のかつてはベッドタウンで空洞化し始めるところがでてきているのも、こうした便利な街中への回帰に伴う現象である。それほど、子どもの存在やその自立の仕方は、今日、一つの家族の生涯設計のみならず街全体の将来にも影響を及ぼす最大の要因となっている。

銀行のリテールバンキング推進の視点と顧客のリテールバンキングに対するニーズの視点がいかにずれていたかが、明らかであろう。個々の金融商品の販売を目的とした価格キャンペーンの推進によって現場が動いている限り、このずれは永遠に解消しない。それどころか、顧客の本当の支持は得られず、顧客も価格本意で銀行を選ぶということが染みついてしまう。顧客にとって本当のマネー相談のパートナーは、保険乗合代理店やファイナンシャルプランナーといった特定の商品を担がない人になる。銀行は、商品の視点から離れ、今日自らが提供している機能（資金繰り・資金管理機能、保障機能、資産形成、運用機能）という視点に立脚して、その機能を提供するためにライフプランニングを行うことによって、真に顧客視点のリテールバンキングが可能となる。

10　ライフプランニングで可能となる顧客ロイヤルティの形成

銀行は、これまで住宅ローンと老後の資産運用に焦点を定め、激しい価格消耗戦を繰り返してきた。住宅ローンのニーズは、顧客からの申込みか住宅業者からの紹介であり、顧客が家を建てる、あるいは家を買うときにそのニーズをつかむという、基本的には待ちの営業、受身の営業であった。顧客の懐に深く入り込んで、家のことを考え始めたときに真っ先に相談を受ける関係ではない。その家が顧客にとってお金の負担という点において最適かという観点から住宅のことに相談に乗ることはない。どんな家を買う、あるいは建てることがわかった時点で、返済可能かどうかという観点から住宅ローンの提供を決めるだけである。たとえ、住宅ローンを提供することになっても、その後のローン返済をふまえたお金の生活設計全般についてアドバイスすることはない。

銀行からすれば、それは顧客へのおせっかいな干渉と思えるかもしれない。要すれば、営業店などの現場は住宅ローンという商品を売るためにあり、せいぜい近年ではローンにあわせた保険の販売推奨が加わった程度の位置づけである。それも住宅ローンとセットの商品という、あくまで商品という視点での販売である。営業本部の指示も保険という商品を住宅ローンのセット販売でねらえというものである。はたして住宅ローンと同じタイミングで保険に入ることがよいのか、あるいはその保険が本当に最適なものなのか、顧客のライフプランがどのようなもので、そもそもどのような保険商品に入るべきかといった資金繰りや保障、老後の資産形成といったトータルな観点からの保険提供ではない。

ライフプランニングでは、顧客から毎月の収入と支出を聞く。収入は夫婦であれば、夫だけでなく妻も含めたトータルの収入を聞く。それは給与所得に限らずあらゆる収入が含まれる。それ以外に、夫が亡くなった場合の遺族年金と、生命保険に入っている場合はそれによる受取額も計算する。いわば、オンバランスの収入だけでなく、オフバランス、偶発債権と呼べる将来の資産も把握する。支出については、毎月の住居費、保険料、食費・光熱費・通信費、自動車維持費、旅行や趣味、書籍代、美容院や化粧品代、そして教育費とあらゆる出費を項目別に聞く。さらに教育の補償の必要額を子どもの成長に沿って把握するために幼稚園から小学校、中学、高校、大学と進学意向を尋ねる。大学については、短大・四年制大学、私立・国立、文系・理系、理系についてては医科、歯科、それ以外に分けて尋ねる。また、住居については持家、賃貸、持家についてては一戸建てかマンションかを尋ねる。また、災害など万一の場合の避難場所の有無も尋ねる（図表9）。これらの情報は、生涯にわたり必要な保障を生活の保障、教育の保障、死亡保障に分けて、将来の時間の経過とともに必要な保障額がどのように推移するかを把握するためである。それぞれ三つの保障分野の必要額を時系列に従って把握した後、その保障額（ニーズ）にあった保険を複数の保険から選定し、顧客に選んでもらうというのが、ライフプランニングの保険選定・販売における活用方法である。

すでに説明したように、ライフプランニングで取得した情報は、保険の販売に限って活用できるものではない。この貴重なお金の出入りというかたちでの生活情報は、あらゆる金融商品の提供にとって重要な情報である。企業金融についてみれば、このようなキャッシュフロー情報は、銀行が貸借対照表、損益計算書と並び重要な財務情報として必ず聴取していた。そもそも銀行は

ライフタイムイベントにかかわる顧客の金融相談ニーズ

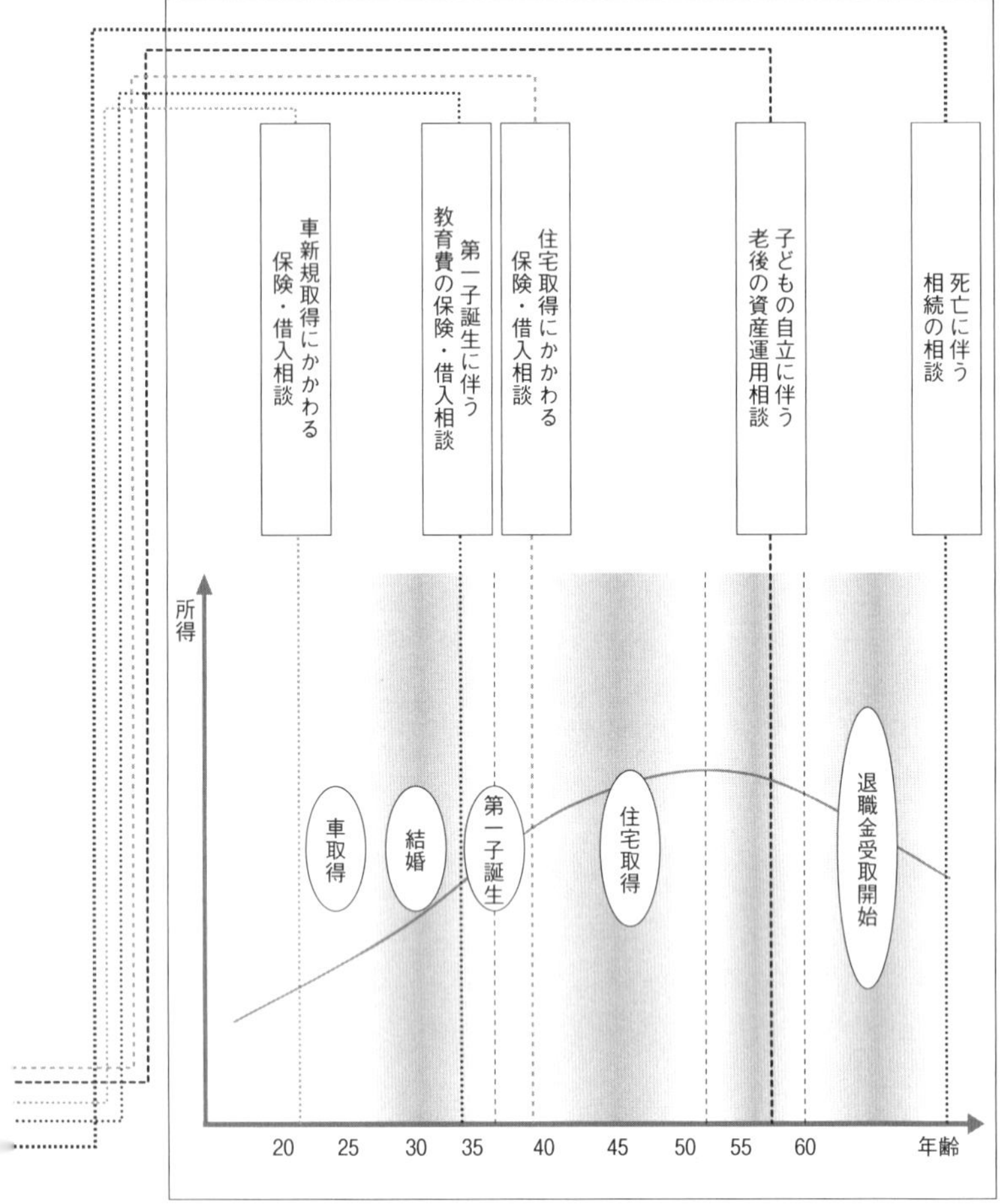

図表9　ライフプランニングの生活に根ざした金融情報

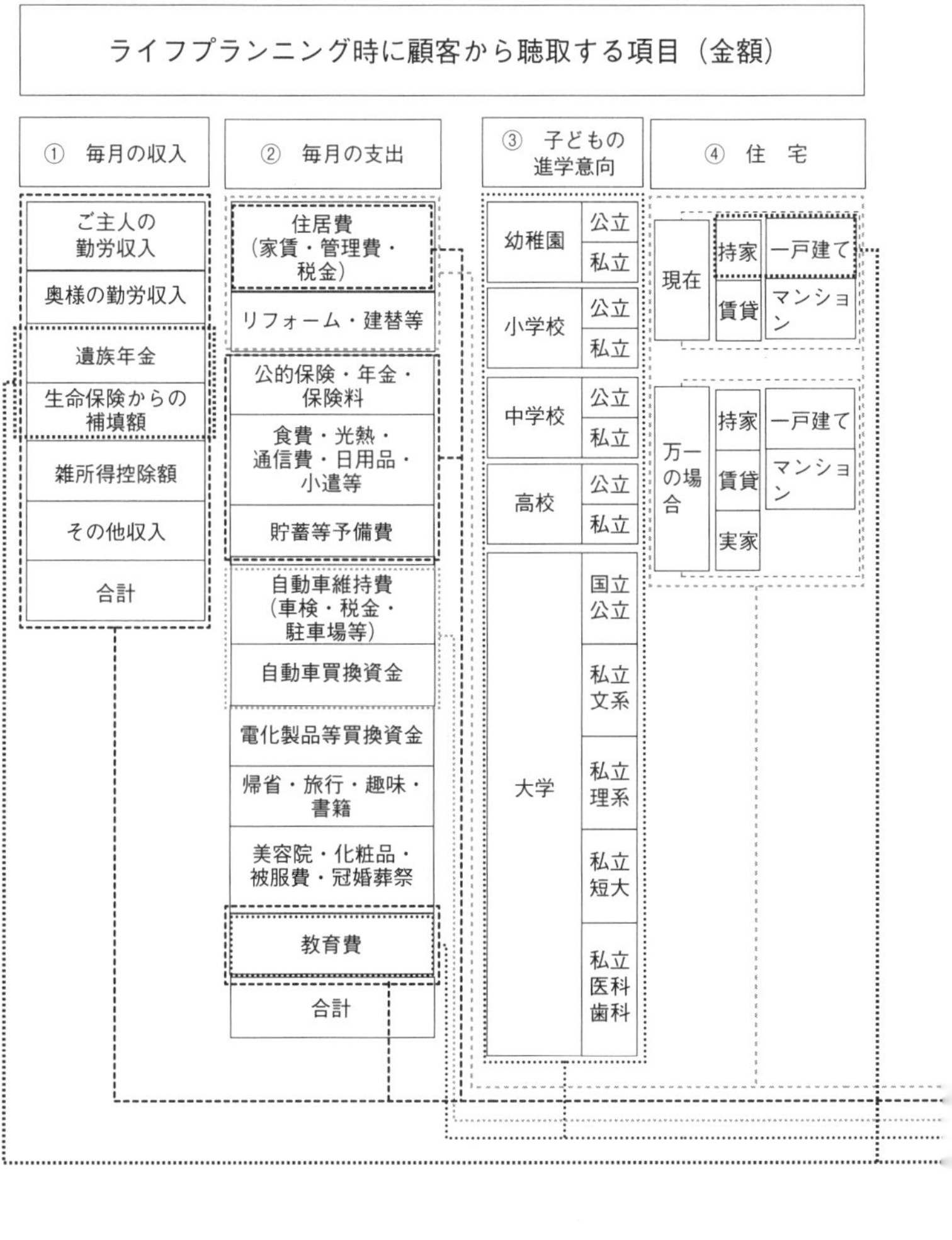
ライフプランニング時に顧客から聴取する項目（金額）
① 毎月の収入
ご主人の勤労収入
奥様の勤労収入
遺族年金
生命保険からの補填額
雑所得控除額
その他収入
合計
② 毎月の支出
住居費（家賃・管理費・税金）
リフォーム・建替等
公的保険・年金・保険料
食費・光熱・通信費・日用品・小遣等
貯蓄等予備費
自動車維持費（車検・税金・駐車場等）
自動車買換資金
電化製品等買換資金
帰省・旅行・趣味・書籍
美容院・化粧品・被服費・冠婚葬祭
教育費
合計
③ 子どもの進学意向
幼稚園
公立
私立
小学校
公立
私立
中学校
公立
私立
高校
公立
私立
大学
国立公立
私立文系
私立理系
私立短大
私立医科歯科
④ 住宅
現在
持家
一戸建て
賃貸
マンション
万一の場合
持家
一戸建て
賃貸
マンション
実家

企業に対して貸出だけを目的として接していたわけではない。お金に関するあらゆる情報を把握することが、企業の金融をあらゆるかたちで支援するために必要である。それだからこそ、企業の財務情報を詳細に得ていた。銀行も投信や保険の販売が認められ、総合金融サービスを提供できるようになった段階で、本来は個人のキャッシュフローデータをとるべきであったといえる。ここで、注意しなければならないのは、キャッシュフローデータは、銀行が預金口座で把握できる決済データと同じものではない。決済データは生活の項目との紐付きが、給与や公共料金の引落し、学費の支払などに限られている。生活に関するお金の情報の範囲、粒度、深さ、いずれにおいてもライフプランニングで取得する情報より限定的である。それ以上にライフプランニングのように顧客とフェイス・トゥ・フェイスで得ている情報ではなく、そこにはデータの背後にある生活のようすを把握する機会もない。

ライフプランニングの現場では、それぞれの収入・支出項目について正しい情報を顧客から聞き出せるかが、最も重要である。そのためには顧客からまず信頼されることが必要となる。その信頼とは二つの意味からなる。顧客の代理として顧客に最適な金融商品を提案するという顧客代理と最適選択という信頼。そして、もう一つは顧客の家計の将来に対して相談に乗り、お金の設計をするという信頼である。この二つの信頼に照らしてみれば、銀行がこれまでしてきたことは、真逆といっても過言ではない。商品の販売目標をあらかじめ定め、推進商品について価格キャンペーンを張り、件数を追う売り方。販促の対象をいますぐにでも商品の購入が期待できる顧客に絞り込むといった顧客選定の仕方。いずれも顧客の生涯のお金の設計を顧客とともに一緒になって考え、その時々で必要な商品を顧客の立場で提案していくというライフプランニングの根幹とは180度違った営業である。このような状況のもとでは、銀行の腐心する顧客との信頼は、事務ミスをしない、規制を守る、マナーを守るといった受動的な、保身的な信頼に限られてしまう。顧客の懐に入り込む信頼の構築など、現状ではこわくてできないということになってしまう。

11 ビッグデータの落とし穴

たしかに銀行は1990年代後半から、単純な価格キャンペーンからの脱却、顧客ニーズにあった金融商品の開発と称して、CRMという名のもとに、決済データや取引データ、顧客の属性データの分析に取り組んできた。しかし、リテールバンキングが結局は価格競争、価格キャンペーンの繰り返しの域を超えられなかったのも、情報をとるプロセスと顧客から情報をとることのそもそもの目的に大きな違いがあったからといえる。近年は、ＣＲＭにかわりビッグデータが新しい顧客分析、マーケティング手法として喧伝されている。ビッグデータの登場は、大量データの処理速度の飛躍的向上というＩＴの発展と、ネットの爆発的普及と、スマホやタブレット、ＱＲコードなどのデバイスを使った多様な顧客接点の急速な普及によるデータ取得ポイントの飛躍的拡大が背景にある。もちろん、これに対して無数のデータを分析する統計手法やマーケティング手法の発達もビッグデータの活用には欠かせない。しかし、ビッグデータは、基本的には商品やサービスを提供する事業者、供給サイド側のみの手による解析であり、それによる顧客行動パターンや嗜好の把握の高度化である。それは商品、サービスの開発やニーズの把握精度の向上、キャンペーン対象の効果的な抽出や絞込みといったより効果的、効率的な打ち手の発見、ある意味競合他社を出し抜く打ち手やタイミングの発見、先取りである。

しかしながら、そうしてつかんだ打ち手や打ち手を実行するタイミングに対して、肝心の顧客側が快く思っている、あるいは同意しているわけではない。極端なことをいえば、顧客の行動パターンを事前に把握しているかのような過剰な販促やプッシュメールに、顧客はかえって警戒感すら抱くかもしれない。とりわけ、お金にかかわることについて顧客は資産のことであろうと負債のことであろうと、土足で自分の懐に入られることに対しては快く思わないほうが多い。それほどお金にかかわることは、お金の余裕の多寡にかかわらず、本来ドロドロした、人間関係を狂わしかねない厄介な存在なのである。お金にかかわることほど、関係者の間に信頼関係、ロイヤルティがなければ、顧客の真のニーズは開示されないものはない。ましてや、継続的に顧客のお金に対して相談に乗ることはむずかしい。ビッグデータによるマーケティングの高度化と一口にいっても、このような厄介な性格をもつ金融ビジネスに関しては、それが従来型のキャンペーンの高度化や供給側、分析側の自己満足に終わってしまうおそれが強い。結局、分析のための分析に相当の時間を費やし、どの銀行も同じ方向に向かって打ち手を考え、結局従来型の価格消耗戦を繰り返すことになりかねない。

どんなデータを取得してどのように分析してもそれを本当に活かすうえでは、銀行と顧客の間にロイヤルティという、一過性の満足にとどまらない、持続的な信頼関係が欠かせない。また、その信頼関係を形成するために必要なデータはビッグデータが誇るような何万件、何千万件にもならないはずである。法人金融における顧客アプローチはリテールバンキングでも共通である。その基本データはキャッシュフローである。それは大企業であろうと、個人事業主であろうと、超富裕層であろうと、マス層であろうと、変わらない。資産がいくらあってもそれがまったく流動化できず、資金が枯渇してくれば企業は破綻し、個人は破産するのである。１９９０年代後半、何十兆円という資産をもつ銀行が破綻したのはその好例である。

そして信頼を形成するために最も必要なのは、大量データの解析力でもない。すべては顧客のためという顧客代理の姿勢であり、それに基づく「最適解の追求」という行動原理である。データ分析も、「顧客代理」と「最適化」という二つの原則に基づいて取り組まれなければならない。

ビッグデータ解析の現場と異なり、フェイス・トゥ・フェイスによるライフプランニングが目的どおりに実現できた場合、顧客の将来の金融ニーズを顧客との信頼関係のもとに、顧客と一緒に考えることができる。ここに銀行が長年陥っていた価格競争の呪縛から脱する鍵がある。中長期にわたり価格競争を超えた世界で戦えるのは、顧客との間にロイヤルティが形成されている場合である。とりわけ、金融商品はどの金融機関も模倣しやすい。いわゆる商品のコモディティ化の激しい金融ビジネスは、商品の違いで中長期にわたり顧客を惹きつけ、クロスセル、アップセルを行っていくのはむずかしい。ロイヤルティがなければ、価格を超えた競争力を維持するのは困難である。

ファッションのような世界は、商品のクオリティ、デザイン、そしてサービスのクオリティがロイヤルティ形成の大きな要素となる。これに対して、銀行の場合は、商品以上にそれを提供する行員がロイヤルティ形成の大きな要素である。常に顧客の立場で顧客のお金の未来を考えるという行為が金融における真のロイヤルティ形成に欠かせない。事務ミスをしない、規制を守る、接客マナーを高めるといった行員の行為は、顧客満足に影響を与える重大な要素である。しかし、金融における商品、サービスの提供については、それだけでは顧客ロイヤルティは形成されない。金融の提供の仕方において中長期的な信頼と満足の継続がなければ、ロイヤルティが形成され、維持され続けることは決してない。ライフプランニングは、そのために不可欠な機能である。それどころか、これまで結局価格競争の呪縛から逃れられなかった銀行にとっては革新的な要素、手段ですらある。保険販売に限らず、総合金融サービスの提供を目指す銀行においては、ライフプランニングは、これから当たり前のこととして実践しなければならない金融業の基本、イロハなのである。ライフプランニングにより顧客のロイヤルティが形成され、顧客の金融ニーズが先取りできてはじめて、銀行は従来型の価格競争を超えた新たな競争を行うことができる。

12 ビッグデータを超えるデータ

顧客の情報をどんなかたちで分析するにせよ、情報にはその性格に応じて2種類ある。また、2種類ある情報は、顧客に対する金融サービスの中身が異なるため、そのとり方と頻度もまったく異なっている。消費者ローンやクレジットカードの与信枠の提供など、小口の与信データは、いわゆる大数の法則が働く。過去の多くの顧客属性データや取引データをもとに一定の回帰分析をすることにより、初期与信や途上与信の判断モデルを作成できる。日頃はこのモデルで自動審査をし、大量のローン申込みやカード入会申込みを処理することができる。いわば、消費者ローンやクレジットカードについては、データ推計に基づいた一定の顧客属性情報、顧客取引情報があれば、各種協会の信用情報データ（ホワイト情報・ブラック情報）も参照しながら、素早く、一方的に与信判断をすることができる。また、このような金融商品については、顧客が利用したいそのタイミングにすぐに提供の可否を判断することが必要であり、顧客側もそれを望んでいる。

これに対し、生活の保障にかかわる保険や資産形成、資産運用にかかわる金融商品は、顧客の10年、20年先、さらに老後の生活設計にかかわるものである。商品の検討にあたって顧客が考えるタイムスパンは、消費者ローンやクレジットカードの申込ニーズに比べ、遥かに長い。それだけに顧客も提供する側も、長い時間軸を前提として最適な商品を検討しなければならない。オプション理論でいうタイムバリューが大きいのであり、それだけボラティリティ（不確実性）が高い。

その際の不確実性は二つある。一つは顧客の生活を取り巻く外部環境の不確実性である。金融経済全体の動向、年金制度や介護制度など社会保障制度の動向、教育制度、税制の変更等々。もう一つは顧客自身の環境の不確実性である。働く企業の状況、子どもの誕生、子どもの卒業、独立、夫や妻の転職、親の介護の発生等々。高度成長期に比べ個人、家庭を取り巻く環境は不確実性が格段に増している。先にみたようにライフプランニングではキャッシュフロー把握の観点から、顧客の収入、支出のほか、持家の有無や車検満了期間などかなり細かな項目を聞く。ここまでの細かなキャッシュフローデータは、通常銀行が一方的に把握することは困難なデータである。取引データとして、銀行は給与振込み、公共料金の口座引落し、クレジットカードの利用データを把握できる。しかし、ライフプランニングほど日常的な生活の実態をつかむのはこれまでの取引データだけでは限界がある。また、ライフプランニングは、職業、結婚、住宅、子どもの教育、健康、老後など人生のイベントそれぞれに特有なリスクを金融でどう対処するかという目的のためにとっている。この点が、預金を通じた決済取引として銀行がとっているデータとは大きく異なっている。

ライフプランニングの結果購入した保険やローンも、転職、失業、引越し、住宅取得・売却、受験、病気など生活状況が変われば、見直す必要がある。従来の保険を解約したり、新たに追加で保険に加入したり、ローンを組んだりする必要がおこりうるものである。したがって、ライフプランニングを受けた顧客の側でも生活状況・条件の変化に伴って、またライフプランニングを受けるニーズがあり、新たに変化情報を自らライフプランナーに提供する気持ちが本来起こるものである。ここが、預金口座を通じた銀行が取得する決済データと根本的に異なるところである。この決済データが銀行に活用されることについて同意しているという意識は少なくとも顧客側は希薄であろう。これに対して、ラインプランニングの現場では、顧客が来店のつど同意を表明したうえで、提供している。同意する理由は、顧客はそもそもお金の相談事があってわざわざ予約をとって来店するからである。

つまり、ライフプランニングで重要なことは、生活の変化、すなわち出産、受験、転職、失業、結婚、車購入等々のイベントが起こる前にあるいはそれを機に、顧客側が意識的、前向きに提供してくれる情報を把握し、それによってイベントが今後のキャッシュフローにもたらす影響を考えることである。また、こうした変化情報は顧客側から提供されなければ、把握しがたい。この点が、消費者ローンやクレジットカードの情報と決定的に異なっている。消費者ローンやクレジットカード与信枠は、過去の取引データや申込み時の顧客属性から与信判断の基準モデル（スコアリングモデル）を作成し、それに基づいて申込承認の可否を判断している。これに対し、ライフプランニングでは、顧客自らが情報の更新をしてくれることが必要である。両者では、最適な判断に基づいて最適な商品を提供するための方法論がそもそも異なっている。

ライフプランニングでは、生活に変化が起こりそうな場合、あるいは起こる場合に顧客側から自発的に情報を更新してくれることが決定的に重要である。しかも、生活の保障や資産形成、運用にかかわる金融サービスは、老後までのタイムスパンが長い。中長期に顧客が情報の更新を自発的にしてくれるためには、銀行と顧客との間にやはり満足を超えたロイヤルティが形成されていなければならない。

中長期のロイヤルティという信頼関係に基づくお金に関する情報提供、情報更新の重要性は、医療の世界と共通している。この20年間、予防医療の世界での最大の変化は人間ドックの広がりである。早期発見、早期治療の観点から、職場や自治体を中心に人間ドックが急速に普及した。企業は制度として人間ドックを今日採用している。そして、定期的な人間ドックの合間に何か気になることがあれば、自宅や職場の近くのクリニックに相談する。重大なことがあれば、クリニックから総合病院を紹介してもらう仕組みが一般的となってきている。患者から何かあったときの、いわばかかりつけの町医者として選ばれた医者は、顧客との間にロイヤルティを形成しているのである。

医療の場合は制度として人間ドックが普及、定着した。ライフプランニングもいわばお金にかかわる人間ドックとして顧客に認識されなければならない。そのうえで、ライフプランニングを通じて顧客に最適な金融商品を最適なタイミングと方法で中長期にわたり提供することが求められる。ライフプランニングで顧客からフェイス・トゥ・フェイスで聴取する生の生活情報、データは、その意味で、ビッグデータを超えるデータである。銀行が、「資金繰り・資金管理機能」「保障機能」「資産形成、運用機能」の三つの金融機能を十全に提供するうえで、本来的に必要なコアのデータなのである。しかも、そのデータはロイヤルティに基づいて顧客が自ら更新してくれることが必要であり、その点はどのようなデータ解析手法を構築しても、どうにもならない点なのである。手法以上に問われるのは、銀行と顧客のロイヤルティであり、顧客が何か変化があれば相談に来てくれるかという、ヒトによるサービス業の根幹のところなのである。

第3章

価格戦略からのパラダイムシフト

13 従来型の価格戦略を超えた新たな価格戦略

これからのリテールバンキングの基本的な戦略は、顧客代理戦略と最適化戦略と述べた。また、価格競争を繰り返す限り、パイが縮小するこれからの国内リテール市場において顧客のワレットシェアを中長期にわたり拡大することはできないと述べた。ここで、指摘している価格競争とは、季節的なキャンペーンを繰り返し、その期間中はあらゆる顧客に対して一律に価格メリットを提供するというやり方での価格競争である。価格競争のすべてを否定しているわけではない。

価格戦略とは本来価格をどのように設定するか、すなわち値付けあるいはプライシングするかということである。これからは、国内市場において顧客のパイが減少する時代、またそれが顧客のパイの格差の拡大を伴いながら減少する時代に入ると本書の冒頭で述べた。パイはビジネスの観点から厳密にいえばワレット、すなわち顧客がもたらしてくれる収益の総額である。国内市場が成長し、ワレットが拡大し続けているとき、ある銀行の獲得できている一人の顧客からのワレットが変わらなくとも、人口増加にあわせて顧客の数が増えれば、ワレットの総額は増加していく。あらゆる地方で人口が増加していた高度成長期まではあらゆる地銀が顧客数を増やし、その結果預金量、資金量が拡大し、貸出金利が常に預金金利より高い順ざやのもと、収益が増加していた。いわばすべての銀行におこぼれがあった時代である。この状況のなか、銀行が業界における序列を上げようとすれば、すなわち資金量をより多く拡大させようとすれば、そのためにとられた施策は、他行より預金金利を上げる、あるいは貸出金利を下げるという単純な価格競争であった。貸出のほうは、短プラや長プラによって基準金利が決められていたことから、どちらかといえば、旺盛な資金需要に対して預金金利の引上げを仕掛けて他行より預金量を増やすという受信面の価格競争と、与信面では与信判断基準を下げて融資先を増やすという側面が強かった。

ともかくもワレットが拡大している時代は価格によって、より多くのワレットを得ようとする戦略がもっぱらとられていた。これに対して、国内のワレットそのものが縮小する時代においては、供給側はいま獲得しているワレットの確保とその拡大、裏返していえばいまの顧客のワレットを他行にとられないことがまず必要になる。そのうえで、いまのワレットの拡大をできるだけ目指すと同時に、他行のワレットで魅力的なワレットを奪い、その後にそれを維持、拡大することが重要となる。また、反対に顧客の側も、拡大し続けるのでなく、総体として限られたワレットをどこに提供するかという視点を従来以上に意識するようになる。この両者のねらいが一致するのは、両者の間にやはりロイヤルティが形成されているときである。

コスト面を考えて本来その商品について設定した得るべき利益率（適正マージン、適正利ざや）を犠牲にする価格戦略は、二つのケースで典型的に使われてきた。一つは、犠牲にした利益率を補ってあまりある量が売れるという場合である。その極端な例はディスカウントストアーやパワーセンターといわれた小売業である。1970年代の高度成長期に大量仕入れと安売りを武器にスーパーの売上げ日本一となったダイエーが象徴的であった。その後、業務用価格や卸売り価格での販売を売りにしたディスカウントストアーやパワーセンターが登場した。しかしながら、1990年代末頃から価格訴求で成長を求める時代は終焉を迎えた。小売業界ではその決定的な出来事が2000年代に入り起こった。100円マックに象徴される価格戦略で業績の回復を果たしたかにみえた日本マクドナルドが、同じ時期に逆に値上げをしたスターバックスに、2013年利益で抜かれてしまったことであろう。しかも、マクドナルドの3分の1の店舗しかないスターバックスがマクドナルドを営業利益、売上高利益率両面で上回ったのである。

また、スーパーに次いで価格競争が最も激しいといわれる家電量販店でも象徴的な変化がみられる。コジマは、ロードサイドへの大量出店とダイエー同様大量仕入れによる低価格を武器にいち早く業界最大手に躍り出たが、その地位も長くは続かなかった。宅配の発達による配送料の低下や大都市部への人口集積の進展を見越して都市部へ集中出店するとともに、いち早くポイント制というロイヤルティプログラムの導入を図ったヤマダ電機やビックカメラが瞬く間にコジマを追い抜いた。そして、当のコジマはビックカメラに吸収されてしまった。これも、低価格で販売量を伸ばして全体の収益を増やす従来型の価格戦略の終焉を意味している。他方、家電量販店業界の両雄となったヤマダ電機もビックカメラも、ネット通販という新たな敵との激しい戦いに直面している。そこでリアルの量販店がとっている新たな戦略の軸は、価格を超えた価値の提供である。それは、ネットとの差別化として店員というヒトによる商品の的確な比較説明であり、消費者のニーズにあった最適な商品の提供である。それは、金融のライフプランニングとも共通した顧客代理としての機能提供である。

ネットショッピングの世界でも、スターバックスと日本マクドナルドの逆転と同様の現象がみられた。楽天が業界やメディアの批判を浴びながらも出店者への手数料を定額から、売上げが多い出店者ほど手数料率を高くするという従量課金制に移行して以降、売上げはさらに増加し、国内1兆円の販売高を達成した。対照的に当時、楽天に対抗して初期出店料まで引き下げたヤフーは苦戦を強いられた。これらリテール業界の新たな動きとは反対に銀行界は、2000年代に入っても、従来型の価格競争の呪縛から基本的に抜け出せないでいる。銀行界の価格競争は、

１９８０年代のバブル期に定期預金金利競争で顕著となり、それをてこに資金量を争う競争が一挙に拡大した。その後、２０００年代に入っても、リテールバンキングの主力商品の住宅ローンにおいて金利キャンペーンを繰り返した。住宅ローンはそれが常態化し、収益面でみても異常な低金利状況に陥っている。また、団塊の世代が大量定年を迎えるこの数年、退職金の獲得を目指した定期預金の金利競争が激しくなり、コストの高い資金調達を抱え、金利を引き下げるとその資金が逃げるため、銀行同士が互いに互いの首を絞める、一種の囚人のジレンマに陥っている。

パイの拡大が見込めないバブル崩壊以降の住宅ローンや退職金定期預金の価格競争では、従来型の価格戦略による目的を達成できない状況になっている。すなわち、従来のように価格をてことしてボリュームを拡大し、トータルの収益の増加を目指すことは期待できなくなっている。まず限られた顧客、全体として減少していく顧客を価格訴求でとりあえず押さえた後にその顧客を囲い込み、他の金融商品の販売でトータルに収益を増やしていくことをねらっているようにみえる。しかしながら、目先、価格で顧客の資金を押さえても以降顧客が他の資金も同じ銀行に預ける、あるいは他の金融商品も購入する保証はまったくない。それどころか、現実に起こっていることは、いったん定期預金に入金された退職金がしばらくして流出する、あるいはいったん契約した住宅ローンが他行の低利なローンに肩代わりされて資金を奪われてしまうという事態である。特に地銀のなかには、退職金や年金を高い金利の預金でとりあえずは押さえにいくという地元での価格消耗戦を止められないまま資金調達コストの上昇に悩まされているところも少なくない。しかもこうして苦労して獲得した退職資金を、信託銀行や証券会社、メガバンクが提供する運用商品に奪われるという事態に陥っている。地銀同士の単純な価格競争はまさに体力の消耗戦である。資本力、資金力などスケールメリットに勝る大手行と、住宅ローンやクレジットカードなど、特定の商品だけにフォーカスして顧客奪取を図るニッチプレーヤーに前後両面から攻め込まれ、不利な戦いを強いられることになっている。

国内市場が縮小に向かうという外部環境の構造的転換にもかかわらず、結局銀行がとっているリテールバンキング戦略の基本は、依然として従来型の価格戦略である。とりあえずは資金の捕捉、顧客の捕捉をねらって価格訴求しても、その後、顧客にクロスセル、アップセルできる保証はない。それどころか、終わりのない価格競争の泥沼にはまることになっている。市場の前提が明らかに崩れ、変わっているにもかかわらず、全体として引き続き価格訴求を繰り返している背景には、価格訴求以外の戦略が見出せていないことがある。

個々の商品分野ではデータ分析を通じて、価格訴求よりも顧客ニーズを先取りして顧客を捕捉する試みがなされるなど、脱価格訴求を目指す動きはある。しかし、銀行全体としては、価格訴求にかわる戦略は見出せてない。あるいはそれにかわる商品横断的な統一した新たなコア顧客戦略が確立していないのである。その結果、前線の営業店は、引き続き根本は変わらない業績評価体系、月次の件数、ボリュームの達成に追われる競争をキャンペーンという価格訴求のもとに繰り返している。小売業界は、従来型の単純な価格競争からの転換を迫られ、それから脱却した先が、実際に勝者となってきている。これに対し、銀行界は依然として確たる出口が見出せないなか、価格という呪縛、価格という麻薬から脱却できていない。価格訴求の効き目が長続きしないという隘路から脱却するには、すでに述べたように顧客との間にロイヤルティが形成されなければならない。それがなければ、ビッグデータや、またそれにかわる新たなマーケティング手法が登場しても、結局は価格競争の繰り返しで組織を動かす経営は永遠に変わらない。

価格戦略が典型的に使われるもう一つのケースは、市場への新規参入者が一定の顧客基盤を獲得するためにとる場合である。銀行界では、1990年代の末登場したネット専業銀行がその典型である。初期のネット専業銀行は、ネットというコスト効率のよいチャネルを裏付けとして決済手数料の引下げを売りにした。しかしながら、実際にはネット専業銀行のITコストは必ずしも既存銀行に比べ低くはなかった。それどころかネットの顧客サービスの裏では、業務処理やコンプラ・規制対応、システム対応等々かなりの人海戦術を迫られ、結果として経費率が既存銀行より目にみえて低いというわけではなくなった。また、安価な決済手数料に加え、一定の顧客を獲得する目的で提供した高金利の定期預金は、調達コストのアップと調達資金の運用難という二重の困難を抱えた。

このような初期のネット専業銀行モデルが長続きするはずはなかった。筆者も日本でのネット専業銀行モデルを検討していたある外資系金融機関の依頼で、1990年代末に収益のあがるネット専業銀行モデルを検討したことが思い出される。決済を競争力においてスタートするモデルについては、システムや業務コストについてどんなに楽観的なコストシナリオを置いても、ネット専業銀行がそのスケール対比コスト面で既存銀行に優位に立てることはなく、銀行法の求める開業3年で単年度黒字はまず不可能という結論であった。ネットであろうとリアルであろうと時代はすでに価格訴求でボリュームを追う戦略は成長の持続性を失っていたのである。

他方、筆者はセブン銀行の設立に向けた当初の議論、検討にもかかわったが、これについては、価格ではなく、顧客に提供する圧倒的なリアル接点の利便性で収益成長は可能と結論づけた。また、その銀行モデルは、個人金融のほか、グループ内の決済コストの削減や効率性にも適用が可能と考えられた。その一方で、貸出などの資金ビジネス、すなわち従来型の資金利益に依存して、資金量やバランスシートを中途半端に拡大させると、決済モデルの有意性までをかえって殺すことになると指摘した。

決済の利便性と低コストを売りにした初期のネット専業銀行モデルの破綻の後、登場したのが、手続の利便性と低利の住宅ローンによって資金利益で稼ぐモデルである。ソニー銀行はこのモデルを新たに取り入れて一定の成長を果たした例であり、これに続いて登場した住信ＳＢＩネット銀行も基本的には同様である。両行とも当初は、高い定期預金金利による資金の獲得と低利の住宅ローンを売りにしていた。しかし、これで一定の顧客層を形成し、銀行のブランド認知も高まると、それまでの単純な価格訴求をやめ、住宅ローンで獲得した顧客への外貨預金提供や証券との連携による手数料ビジネスの拡大などクロスセルやアップセルと、新たな顧客獲得のための収益ビジネスを模索している。

すでにみてきたように価格戦略が有効な場合は、それによってボリューム（収益額）が一過性でなく持続的に増加していく場合のみである。それは、市場が拡大しているときでも縮小に転じたときでも変わらない。拡大しているときは、価格をてことした新規の顧客拡大による収益額の増加を目指して、新規出店と安売りがどの業界でも広がった。市場が縮小に転じた状況では、むしろ既存顧客の単価アップが収益額の増加にとって必須となる。市場が拡大しない状況では、従来のような新規の顧客獲得による収益増加を当て込んで、むやみと価格攻勢を仕掛けるモデルは早晩限界に直面する。市場拡大の時代は、既存顧客がたとえ離反しても、新規顧客をそれ以上に増やせば収益は増加するという状況にあった。このため、既存顧客の係留に対する意識は、今日に比べれば遥かに希薄であり、打ち手もほとんどなかった。2000年代に入ってからの十数年間に、あらゆる業種でポイント制という最もわかりやすいロイヤルティプログラムが燎原の火のごとく広がった。これは、このような意識転換を最も象徴する顧客戦略の転換である。

いったん獲得した顧客が生涯にわたり自社のいちばんの顧客となってもらうには、価格を超えた何かで顧客をつかまなければならない。それはすでに繰り返し述べてきたように顧客のロイヤルティである。これが形成されていなければ、顧客係留はおぼつかない。ポイントそのものは、かたちを変えた値引きである。しかし、それがキャンペーンにおける価格訴求と異なるのは、同じ店で購買を繰り返し続けないとポイントがたまらないという点である。キャンペーンは、一般に一律であり、基本的には過去の取引に関係なくだれしも一定の期間中に取引すれば、享受できる価格メリットである。これに対し、ポイントは、顧客が経常的に購買を継続することによってそのメリットを最大化することができる。さらにエアラインに代表されるように、一定額以上の購買層に対して購買に対するポイント還元率を引き上げることにより、反復購買、継続購買を刺激する仕組みが増えている。反復購買を継続するロイヤルティの高い顧客には、等比級数的な価格メリットを提供している。逆に反復購買の少ない顧客には、メリットが限定的な仕組みとなっている。

ロイヤルティと結びついた価格訴求をターゲットプライシングと呼ぼう。市場の前提が変わり、パイが縮小に向かう時代において価格訴求という手段を使うのであれば、このターゲットプライシングでなければ、戦略的な効果は期待できない。それでなければ、持続性のある収益効果を発揮できる価格戦略は困難である。

14 原点に返ったロイヤルティプログラムの見直し

翻って、今日の銀行の価格戦略はどうか。引き続きキャンペーンという一律型の価格訴求は繰り返されている一方、小売業やサービス業で浸透しているポイント制は銀行でもたしかに存在する。それは総合口座に付帯されているポイントプログラムである。他業種と同様2000年代に浸透した銀行のポイント制は、はたして顧客ロイヤルティを形成し、クロスセルやアップセルにつながったであろうか。残念ながら答えはＮＯである。銀行がこぞって導入した２０００年前後のポイント制は、取引に応じてたまったポイントによって金融商品の金利と手数料の優遇を受けられるほか、メガバンクを中心にエアラインのマイルや家電量販店のポイント、Ｅｄｙなどの電子マネーに交換できるという非金融の特典も提供するものであった。しかしながら、非金融サービス特典への交換が金融商品のクロスセルやアップセルにはつながらず、交換特典がそのままコストに跳ね返った。しかも、銀行への収益貢献が少ないマス層、下流層ほどこのような交換特典を熱心に行うという逆選択のような状況が発生した。この結果、３メガバンクは、リーマンショック後のコスト削減の嵐のなか、２００８年から２００９年にかけて非金融への交換特典を廃止した。現状、メガバンクも地銀もポイント特典は、その多くが自行やコンビニＡＴＭの手数料優遇、振込手数料優遇や定期預金金利の上乗せなど、金融取引の優遇に限られるものとなっている。

これらの優遇策（ロイヤルティプログラム）が顧客の反復購買を促したという因果性は、残念ながら十分には確認されていない。というよりも、経常的にその効果を検証し、優遇の中身を顧客ターゲットやターゲット商品に応じて見直すといったことは十分に行われていない。特に地銀においては、このようなポイント制の導入がＩＴ投資も伴うこともあり、手付かずのまま、営業店の販促に積極的に使われずに風化しつつあるといっても過言ではない。そのような先では、金融取引の優遇が単に利益の一部還元になってしまっている状況に陥っている。たしかに金融ビジネスの場合、スーパーやドラッグストアのような日用品ではないため、購買頻度は少ない分、優遇を日常的に身近に感じにくいきらいがある。銀行ではメールでポイント数を定期的に送付する、またATMに表示する努力はしている。しかし、ポイントから得られる特典が現金還元のような特典と異なり、即物的ではないため、ポイントに対するインセンティブは小売に比べ希薄である。

ロイヤルティプログラムのねらいは、反復購買を継続的に促すことにあるが、もう一つ忘れてはならない目的がある。それはインセンティブを与えることによって、そのインセンティブを感じて行動する人としない人を見極めることである。したがって、どのようなインセンティブを与えるかということは、それを提供する側がどのような人を顧客としたいかというきわめて戦略的な意図に本来結びついているものである。欧米の銀行では、ロイヤルティプログラムの検討にあたっては、まずターゲットの顧客像、すなわちどのような顧客をロイヤルティ顧客と考えるかという自行のロイヤルティ顧客像を明確にする。そのうえで、どのような優遇および優遇の組合せがクロスセル、アップセルを継続的にもたらし、そうした顧客の形成に最も効果を発揮するかを、マーケティング調査分析とフォーカスインタビューを繰り返しながら検討し、候補の優遇内容（特典）を選定し、絞り込んでいくという作業を行っている。

そもそも銀行に比べ購買頻度が多く、購買額が相対的に小口なスーパーや薬局、コンビニ、ビデオレンタルショップ等では、0・5％程度の現金メリットのインセンティブは相対的に強い。また、レシートへの記載などによりポイント認知の頻度、接点も高い。他方、ATMでの現金の引出しを除けば、取引頻度がきわめて少ない銀行においては、どのようなロイヤルティプログラムがロイヤルティの向上に有効かについて、真剣に考え直す必要がある。現状のATMや振込利用における金銭メリットは日常的に必要な決済のコストの割引のため、顧客が、ロイヤルティ特典というインセンティブによって主体的にある金融商品を選択、購入するかを見極めることができにくい。

ロイヤルティプログラムは大きく2種類ある。金銭的メリットの提供と特別な商品やサービスの提供である。銀行の現行のポイント制で顧客が最も高い頻度で金銭的メリットを感ずるのは、ATMによる現金の引出しと振込みの場合である。しかしながら、いずれも決済という、なんらか別の購買、取引に伴う結果として派生するものである。顧客がそのメリットによって銀行から購入する商品やサービスにインセンティブを与えるというものではない。すなわち、現行の決済という特典は、顧客に銀行からの商品購入を主体的に促すというインセンティブを与える面は弱い。コンビニATMが広く普及した今日では、銀行店舗以上に身近な立地と時間の利便性をもつコンビニATMのほうが、銀行が提供するATM手数料の無料化特典のメリットを上回ることすら多い。相対的に購買頻度の少ない預金やローンについては、ポイントによる金利優遇とは無関係に毎年優遇金利のキャンペーンという価格競争が繰り返されており、顧客はポイントによるこうした商品の利用メリットを感じにくい。銀行の店舗の行員もポイント利用よりもキャンペーン利用を積極的に活用した販促を行っている。

このように金銭的メリットが訴求しにくい銀行の場合、特別な商品やサービスによる優遇を真剣に考える必要がある。たとえば、一部のメガバンクが特定の富裕層に特別な空間で対応するというサービスが、これに該当する。サービスの利便性で金融商品の購買を促すインセンティブである。これに加え、預金、保険、住宅ローンのような金融のいわば必需品について、それぞれの商品メリットを束ねて提供するというメリットの提供の仕方もある。キャンペーンの有無やキャンペーンのつどの有利不利に惑わされることなく、金融の必需品についていつでも利用のニーズがやってくれば、常に優遇を受けられることは、顧客にとっていつでも特別な扱いを受けられるという強い安心感が形成される。

このような商品提供はパッケージングと呼ばれ、英国を中心に海外では10年以上も前から提供されている。住宅ローン、当座貸越、医療保険、自動車保険、預金といった必需品的なニーズの強い金融商品について、常時購入時に常に一定の価格メリットを提供するあるいは優遇を受ける顧客専用のお得な商品を提供するものである。こうした優遇に係るコストは個別の商品やサービスの優遇を提供する場合のコストに比べ高い。また一度に複数の商品について優遇機会を提供することから、あらかじめ顧客に一定のコスト、たとえば口座手数料を払ってもらい、そのかわりそのコスト以上のメリットをパッケージングされた商品全体で顧客に提供するものである。取引の結果、たまるポイントを使って優遇を受ける方法と異なり、最初から顧客に一定のコストを求めることから、クレジットカードのプラチナカードのように、それにインセンティブを感じているかどうかを当初より見極めることができる。その分、手数料を払った加入者のプログラム利用の可能性は相対的に高い。銀行側においては、申し込んだ顧客の分析により、プログラムの顧客ターゲット像が当初の仮説と合致しているかの検証もしやすい。またその後の顧客行動を分析して、ロイヤルティ顧客像の見直し、再定義やそれに応じた優遇内容の変更に活かすこともできる。

もっとも、金融ビジネスのロイヤルティ形成の基本は、こうしたプログラム以前に、顧客代理と最適化サービスによって、顧客との信頼関係が構築されることが必要である。顧客のリテンションと単価の引上げが、今後のリテールバンキングの最大の課題となる。したがって、キャンペーンのような一律の価格訴求にかわるターゲットプライシングの価格訴求をロイヤルティプログラムで提供しても、その根底に顧客代理と最適化が提供の目的という大原則がなければ、顧客を長期に維持し、商品を継続的に提供していくことはむずかしい。現状のポイント制の見直しが必須な日本の銀行は、この原則、原点に立ち返ってその中身を見直す必要がある。

15 銀行が小売業のプリペイドカードをまねることの危険

ルイヴィトンやエルメスなど顧客のロイヤルティを惹きつけてやまない高級ブランドショップや高級レストランなどを除けば、デパートも家電量販店も外食レストランもヘアーサロンもコンビニも、ほとんど多くの小売流通業者が今日ロイヤルティプログラムの一環としてポイントを提供している。以前は、ポイント（マイル）を軸とした激しい競争は、寡占化への再編とともにシェアの争奪が熾烈となったエアラインに限られていた。しかし、国内市場全体のパイの縮小と供給サイドの過剰感が鮮明になってきた２０００年頃から、ポイントの導入はリテール業界で一挙に加速した。これほどあらゆるリテール分野でポイント制が燎原の火のごとく短期間に広まったのは、先進国では日本以外にないであろう。ＴポイントやPontaなど、一企業だけの利用に限定されないオープンなポイントで、数千万人にのぼる会員が複数のポイントプログラムで存在する国内市場は日本くらいであろう。

ポイントやマイルは、自社の利用頻度の向上とクロスセル、アップセルの推進をねらった、最もわかりやすいロイヤルティプログラムである。顧客単価が高い一方、商品・サービスの差別化がしにくいとみられていたエアラインでは、利用頻度・金額によってポイント会員にランクを設け、ランクごとにポイント倍率を変えて、顧客による利用先の集約化と単価、頻度アップをねらった。ところが、エアラインと比べ物にならないほど単価の小さいコンビニのなかにもここにきて、顧客の月間の購入金額によってポイント会員にランクを設ける先が登場した。また、一部のデパートや家電量販店では、購入しなくとも来店だけでポイントを付与する先もある。この数年、ポイント競争は熾烈をきわめてきているといえる。

ここにきて、さらにポイント制は新たな段階に入ってきた。お店のポイントカードが、キャッシュレス決済手段の一つであるプリペイドカードやデビットカードと一体化して提供されるようになった。すなわち、1枚のカードにポイント計算機能と即時決済機能が付与されているのである。なお、ポイントの決済機能について付言すれば、TポイントやPontaのクレジットカードなどのように、クレジットカード付帯のポイントカードは、プリペイドカードやデビットカードとの合体カード登場以前から導入されている。このようにポイント付与が即時決済手段と合体した背景は、大きく三つある。そのうち、二つはロイヤルティプログラムを推進するお店側の事情であり、残りの一つは主にカード側の事情である。

お店は従来、現金やクレジットカードの決済でレジを一度打ち、それからポイントを付与するためにもう一度専用の端末に金額を打ち込んでいた。ちなみに初期の頃は、ポイントカードは熱転写で銀色の表面に印字し、ポイントを上書きする、リライト式のものであった。ところが、ポイントカードにクレジットカードやプリペイドカードの決済手段がつけば、1回のレジ打ちで決済とポイント付与が完了する。レジの手間はその分省けることになる。もう一つより重要なことは、レジでの現金取扱いの手間の削減である。マス向けの小売流通業は来店者が多く、日々の決済量も多い。加えて英米に比べ現金決済の多い日本ではその分現金の取扱量も多い。さらに、アルバイトなどの多い一部の小売店では現金取扱い上の事故もある。マス向けで決済単価が小さいお店では、クレジットカード決済がなかなか進まないなか、現金代替としての即時小口決済手段となるプリペイドカードやデビットカードの利用ニーズは高いと期待された。

２０００年に登場したＪデビットといわれるデビットカードは、ポイントと連携することはなく、２００５年をピークに取扱高は減少をたどっている。これには、夜遅くは利用できない、専用の端末がいる、加盟店の審査期間が相対的に長い、年間の審査回数が限られている、銀行主導で小売流通側のニーズとの連携が不十分など、さまざまな問題が指摘される。一方、小売流通側が主導で導入したプリペイドカードは、利用者が主体的に入金を行うので、デビットカード以上に残高が足りないことへの不安は一般に少ない。また、レジでその場で入金できる簡便さも、近年小売流通業によるロイヤルティプログラムの推進と結びついてプリペイドカードの導入が急拡大している背景となっている。さらにデビットカードと比べプリペイドカードの入金方法は、nanacoのようにセブン銀行のＡＴＭ利用やネットバンキングによる銀行口座からの入金、suicaなど交通系カードのように券売機を使った入金など幅広い。

さらに最近ではこのプリペイドカードにビザやマスターカードなどの国際ブランドが付帯した、いわゆるブランドプリペイドカードも登場している。国際ブランドがついているプリペイドカードが従来のプリペイドカードと違うのは、自社の店舗だけでなく、国際ブランドを読み取ることのできるカードリーダー（端末）を置いている店なら、どこでも使える点である。クレジットカードについている国際ブランドと同様、クレジットカードを読み取るカード端末で国際ブランドのついたプリペイドカードを読み取り、決済することができる。小売流通業側は、自社だけでなく他社での利用でもポイントがたまるようにすれば、顧客にとっては自社の利用インセンティブがさらに高まるとの期待がこのカード導入の背景にある。

いずれにしても小売流通業によるプリペイドカード導入の背景は、まずは顧客ロイヤルティ向上の一環である。したがって、プリペイドカード利用のつど付与するポイントのコスト（購買割引に使える擬似現金効果）は、販促費用であり、カード利用によりその費用以上の売上げ、収入を期待しているのである。そして、小口の購買でなかなか進まなかったキャッシュレス決済による現金の取扱コストや現金取扱いに伴うリスクの軽減も、間接的に収益性の改善向上につながるとの期待である。小売流通業者は、決済が本業ではない。あくまで既存顧客のクロスセル、アップセルと新規顧客の獲得とその係留として、ポイントというわかりやすいロイヤルティ施策を活用している。

こうした小売流通業の動きに反応してか、このところ銀行側では従来のJデビットにかわり、国際ブランドを付帯したデビットカード、すなわちブランドデビットカードを取り扱う動きが広がりつつある。主なねらいは、まだクレジットカードを利用しない若者など、いわばクレジットカード予備軍や現金決済主義の顧客へのキャッシュレス決済利用の促進である。さらに、クレジットカード端末と同じ端末利用による国際ブランドのついたクレジットカード予備軍の形成と、クレジットカードへのスムーズな誘導である。銀行は、この新たな国際ブランドデビットカード推進のために、利用額の一定割合を還元するキャッシュバック率アップのキャンペーンなどを展開している。

ここで注意しなくてはいけないのは、小売流通業と違って銀行にとってはこの決済手段こそ本業の金融商品ということである。小売流通業は、本業のモノやサービスをより売るために、ロイヤルティ施策の一環としてプリペイドカードを活用している。銀行は、本来ブランドデビットカードの発行そのもので収益をあげなくてはいけない。小売流通業がブランドプリペイドカードの利用のつど払うポイントは、本業の商品やサービスのクロスセルやアップセルを促進するための販促インセンティブである。これにかかるコストも本業の売上げに貢献すれば、コスト以上の効果がある。これに対して、ブランドプリペイドカード利用のつど銀行が提供するキャッシュバックサービスは、カードによる購買額の割引そのものであり、銀行による得べかりし手数料利益の一部還元である。

銀行は、たしかにこの決済手段そのもので収益をあげる必要があることから、年会費を一般に徴収している。しかしながら、ステイタスカードのゴールドやプラチナを除けばクレジットカードすら、年会費無料の波にさらされてしまっているなか、はたして幅広いマスの小口利用をねらうブランドデビットカードにおいて年会費をとり続けることができるであろうか。当初の年会費無料キャンペーンが恒常化することにはならないか。あるいは年会費の有料化が結局むずかしくなり、キャッシュバック率を下げる、あるいはキャッシュバックそのものをやめることにならないか。

銀行がクレジットカードを元来本業として発行し、銀行主導で小売流通業へ提携カードを提供してきた英米と異なり、日本の銀行は本体でのカード発行事業について辛酸をなめてきた。Ｊデビット、本体発行のクレジットカードしかりである。顧客規模の相対的に小さい地銀の大半は、さらに困難な状況に直面している。Ｊデビットにしろ、本体発行クレジットカードにしろ、新たなブランドデビットカードにしろ、小売流通業と異なり、銀行にとっては本来それ自体で収益をあげるべき本業の商品である。あるいはそれ自体が顧客のロイヤルティを高めて、他の金融商品のクロスセルやアップセルをもたらすものでなければならない。そのような仕組みをカードにどう埋め込むかが不可欠である。金融を本業とするプレーヤーは、やはり金融に関してのメリット、ロイヤルティベネフィットを顧客に提供するところで力を発揮しなければならない。そういう土俵で戦わなければならない。そうでなければ、楽天やイオンのようにショッピングメリットを金融取引でも与えて、自社での購買に囲い込んでいく、いわば「小売と金融の統合」という新たなリテール金融モデルに対抗していくことは、コスト面でみてもきわめて困難である。

そもそも、日本は戦後銀行への参入規制によって、米国と同様「商業と金融（銀行業）」の分離原則をとってきた。それが、1990年代後半からの銀行破綻を機に、非金融、しかも個人顧客数を圧倒的に誇る大手小売流通業に銀行への参入を認めたのは、日本のリテールバンキング史上の大変大きなエポックメイキングである。金融当局の政策の大転換といってもよい。ATMの自社所有のために銀行を新たに設立したセブン銀行は別として、山一信託銀行やイーバンク、日本振興銀行では、破綻銀行の受け皿として、小売流通業に銀行への参入が認められた。この際に「商業と金融（銀行業）」の分離原則について真に十分に議論が尽くされたか、疑わしい。いずれにしても、これからの日本のリテールバンキングにおいて、商業の銀行は、大変な脅威となるのは間違いない。世界の大手小売業で初めてリテールバンクを設立したのは、英国のテスコである。筆者は、1998年、その関係者を招いて、現フューチャーアーキテクトの金丸恭文会長と「流通と金融の統合」と題したリテール金融セミナーを東京で開催した。会場には400名あまりが参加していたが、そのなかでひときわ目についたのが、最前列をコンビニ各社や流通業の関係者が占めていたことである。それから15年、いよいよ商流による金流の展開がリテール金融の世界で全面的に本格化する様相をみせ始めている。仮に6000万人の契約者をもつドコモがａｕに次いで、しかも単独で銀行業へ参入すれば、リアルの最大手小売、ネットの最大手モール、そして通信の最大手がそろうことになる。これらが、銀行サービスを本業のポイントや電子マネーをはじめとしたロイヤルティ戦略のなかにしっかり組み込んだらどうなるか。このようなやり方でリテール金融をフルに展開すれば、全国の銀行へもたらす脅威はさらに高まることは必至といえる。

16 商流のリテールバンクへの対抗、差別化の鍵

商流の銀行はいずれも、現状のところ顧客代理という意味での相談業務よりも決済取引や金融商品販売というういわゆる取引・商品を軸としたトランザクショナル（Transactional）な銀行である。また、オンラインで証券や保険も手がける楽天を除けば、これまでのところバンキング業務に限られている。トランザクションの世界は、ネットの普及による金利や手数料情報の比較容易

性や商品の模倣性と標準化の進行によって、価格と利便性という競争の波にさらされている。しかも、顧客にとって取引ができるチャネルの選択肢は、店舗、ATM、ネットと増えている。顧客は、その時々の状況やニーズによってこれらのチャネルを使い分けるユビキタスな時代になっている。トランザクションに商流で利用できるポイントを付与する商流の銀行に対して、金流の銀行が差別化していくのは容易ではない。しかも、商流の銀行は、後発のメリットを活かして、たとえば自行に取り込む決済取引を選択的に行うことができる。具体的にいえば、日常の小口の買い物のための預金の引出しや送金サービスを主に取り込む一方、公共料金の支払は積極的には行わない、あるいは金流の銀行が積極的には行わないロトやtotoなどスポーツ振興くじの決済や小口の海外送金を積極的に行うなどである。

しかしながら、これまで述べてきたように人口減少によるリテール金融のパイの縮小によって、リテールバンキングの戦略の前提は構造的に確実に変化している。このことをふまえれば、そもそも金流の銀行は、商流銀行の攻勢に関係なく、顧客からロイヤルティを得るためのサービスをリテールバンキングの機軸に据える必要がある。それが負債コンサルティングであり、それを実践する中核の機能がライフプランニングである。ライフプランニングで把握する顧客のキャッシュフローは、メガバンクや地方金融機関にとって顧客数で圧倒的に多いマス層にとってとりわけ重要なお金の情報である。それどころが、不動産や自社株など資産を固定している割合も比較的多い富裕層にとっても重要な、いわばお金の基本の指標である。ライフプランニングによるキャッシュフロー診断をベースに、顧客の代理として顧客に最適な金融商品を選択することにより、新しい時代のリテール戦略である「最適化戦略」と「顧客代理戦略」を真に実践することができる。

ここで、従来の営業店（支店）による面の遠心的で漸進的な拡大が陸軍、ネットバンキングを空軍、機動的立地の変更が比較的しやすいATMを海軍にたとえてみよう。営業店といういわば陸軍による進行を戦い方の基本にしてきた銀行が、ネットやコールセンターなどの空軍やコンビニATMなどの海軍など多様な攻め方をしてくる商流の銀行に対抗するには、まずもって店舗という陸軍の陣営をどう活かすかを考える必要がある。その意味でも、フェイス・トゥ・フェイスが重要なライフプランニングは、陸軍の新たな武器となる。そのためにはいかに顧客の来店誘導を図るかが最初のハードルとなる。その観点から、既存の営業店の立地、店内の構成（レイアウト）、機能を見直す必要がある。ライフプランニングはあらゆるトランザクションよりも先に提供する必要のある第一の機能である。たとえば、保険の乗合代理店の現場においても、顧客との初回のライフプランニングで保険商品の販売をすることはない。商品とは切り離したところではじめて顧客のお金の生活の実像に迫ることができる。

既存の営業店の活用、見直しとは述べたが、その際にはライフプランニングの提供とトランザクションの現場を物理的に完全に切り離すことも含めた大胆な検討をする必要がある。別の言い方をすれば、ライフプランニングの現場には、テラーもATMもそのための第一線、第二線の事務の現場は必須ではないのである。さらにライフプランニングの現場は、従来の営業店以上に顧客の生活行動により密着した場所で展開することが求められる。たとえば、保険の乗合代理店は、主婦が日常的に利用するショッピングセンターのなかや通勤帰りの会社員に便利なオフィスビルのなかに多い。平均的には15坪から20坪程度の空間で二つあるいは三つのブースを置いて、一人の顧客に平均1時間半から2時間ライフプランニングを提供している。

従来銀行は、規制緩和に対応して決済中心の店舗に資産運用のブースを設置し、資産運用の相談業務に力を入れてきた。しかしながら、よくよく考えてみれば、同じ店舗で相談業務を行わなければならない必然性は乏しい。決済で訪れた顧客の相談コーナーへの誘導といっても、現実は銀行側の思惑どおりにはなっていない。また、相談から資産運用商品の購入の決済には同じ店舗が効率的ではあるが、ライフプランニングではいきなり商品の購入を勧めるわけではない。また、銀行に比べ遥かにスペースが狭い保険乗合代理店でも、保険商品購入に伴う決済手続は行うことができる。これに対し、銀行では営業店とは違う場所に土日営業を謳った住宅ローンセンターを設置したものの、想定以上の顧客は集まらず、結局銀行は不動産業者を回って顧客獲得に奔走している。そして、当の住宅ローンセンターにおいて、結局保険販売や投信販売に乗り出している銀行も相次いで出ている。逆にネット専業のソニー銀行では、グループのソニー生命のライフプランナーが外訪チャネルを活かして銀行の住宅ローンを獲得している。

銀行は、従来の決済と相談の同居という発想をいったん捨てて、「金流」を専門とする銀行の戦略という観点から、店舗のあり方を徹底的に考え直す必要がある。ライフプランニングという機能を磨き、それに適した店舗展開を顧客目線で考える。そして、金融という土俵でロイヤルティを高めるためのプログラム（特典）を開発し、商流の銀行と差別化しなければならない。商流の銀行が今後勢力を拡大しても、いまの金流の銀行を傘下に入れることはないだろう。商流の銀行にとっては、自らの本業の事業構造ならびに本業とのシナジーという観点に立った場合、営業店の固定費と人件費が重い金流の銀行店舗で商品を提供することに魅力が感じられないからである。金流の銀行は、金融当局の方針転換によって商流を傘下に入れることが許されない限り、金流としての土俵で戦っていかなければならない。リテールであろうとホールセールであろうと、銀行の提供する三つの本来機能にまず立ち返らないといけない。そのうえで、それを十全に発揮するためのコアの機能、すなわちライフプランニングを最適なかたちで提供できる人材とチャネル連携の仕組みを構築していくことが不可欠である。

もっとも、商流の銀行がライフプランニング機能の展開に乗り出した場合、金流のコアの土俵が根底から脅かされることになる。その萌芽はすでに現れ始めている。大手の小売流通業では系列の保険乗合代理店を自社のショッピングセンターの好立地な場所で展開し、その数を増やしてきている。もともと顧客第一主義をかたちで示すことが競争の常識となっている小売流通業では、顧客目線のライフプランニングはフィットしている。マス層の顧客は銀行員に比べ、そういう代理店の人材を自分により近い目線で考えてくれる人たちと感じるであろう。また、商流銀行もそうすることを文化として強力に推し進めるに違いない。仮に大手の小売流通業が現在業界第1位の乗合代理店を傘下に入れたとすれば、全国に一挙に500店強の店舗ネットワークをもつことになる。最大手のメガバンクの営業店数を超えることになるわけであり、さらに自社の店舗にも新規に代理店を出せば、1000店を上回る可能性すらある。

第4章

ライフプランニングで変わるチャネル戦略

17 金流の銀行が構築すべきコンパクトチャネル

金流の銀行店舗より遥かに小スペースの保険代理店舗においても、キャッシュフローにかかわる金融ニーズにはすべて応えることができる。しかも、特に地方金融機関のような固定費の発想を前提とした店舗と異なり、保険代理店の店舗は基本的に賃貸であることから、人口移動など顧客マーケットの変化にあわせて機動的に立地を変えることができる。カフェチェーンやコンビニ、ファストフードの運営会社は立地選定に多くのノウハウを有している。これらの業態ではよい意味でのスクラップアンドビルドは当たり前である。片や金流の銀行は、かつて50年から100年の計で、郊外の団地造成にあわせて、あるいは企業、工場の進出にあわせて、100坪程度の土地を手当てし、2階建ての営業店を建設した。また、店舗と同じ広さの駐車場も設ける。

ところが、今日地方では、にぎわったニュータウンからの人口流出、空洞化現象が急速に広がっている。地方経済の構造的低迷に伴って、子どもはUターンすることなく大都市に就職し、家を継ぐことなく、大都市にマイホームをもつ。庭付き一戸建てを夢見て少々不便な郊外に土地を買い、家を建てた両親は定年後老後を迎えると、庭の手入れや車での買い物の不便さが重くのしかかり始める。高齢化の急進展を受けて、地方では今日、食や医療サービスなどの生活機能が市の中心街にますます集中する、いわゆる逆ドーナツ現象が加速している。高齢化した両親は郊外の不便な自宅を売り払って、便利な街中のマンションに移り住む。車も売り、買い物は便利なコンビニで二人用の惣菜や生鮮食品を買ってすませる。増え続ける高齢者層によるこうした生活の光景がいま全国で急速に広がっている。過疎化の進行による市町村の消滅への対策として政府もコンパクトシティを推進しようとしている。街中へのシフトによる地方の生活圏の縮小は、今後、計り知れないほど大規模で進展するであろう。

こうした潮流に対応し、銀行もコンパクトチャネルを構築していく必要がある。ここでいうコンパクトとは、以前流行った軽量特化店とはコンセプトが異なる。顧客の身近なところにライフプランニングという機能を提供するフェイス・トゥ・フェイスの接点を置くという考えである。投信や住宅ローンという特定商品の販売を前提としたコンサルティング特化のミニ店舗や、決済の事務とスペースを省力化したミニ店舗とは発想が基本的に異なる。取扱商品ありきではなく、まずライフプランニングという機能を提供するために即した店舗スペースの設定である。銀行のライフプランニングでは保険に限らずローンや投信など幅広い商品ニーズを汲み取ることができる。そのなかでコアの商品となる保険あるいは保障性保険と親和性の高いローンはそのコンパクト店舗で扱う。それ以外については、顧客ニーズに応じてその店舗以外の専門店舗、あるいはネットなど他のチャネルを紹介する。コンパクト店舗における店頭決済は、端末1台あれば、顧客に開設してもらうネットバンキング口座を使ってその場で決済してもらうことで対応できる。

もはや標準的な営業店の一部の商品を切り出した店舗という発想では古い。顧客のさまざまな金融ニーズをライフプランニングという機能によって把握するための第一次的な窓口を顧客の集積した身近なところに置くという発想が、ここでいうコンパクトチャネルの根幹をなす。これは最近の病院のあり方にも共通した発想ともいえる。病院も地域よりもさらにエリア密着の町医者が地域の総合病院と連携する医療が広がっている。一部では電子カルテによる連携やテレコンファレンスを使った連携もみられ始めている。町医者が第一次的な窓口として総合的な検診を行う。総合病院にあるMRIのような高度な検査機器はないが、血液検査は行う。その結果、精密検査や高度な治療が必要な場合は、地域の総合病院を紹介し、送客する。金融のライフプランニングは、まさに町医者の第一次的な総合検診である。ライフプランシミュレーションは血液検査とたとえてもいい。その結果、保障性保険や（住宅ローンを含む）消費者ローンといった特定の商品の提供だけにとどまらず、ローンの返済計画や支出の見直しによるキャッシュフロー全体、負債全体の抜本的な見直しが必要な場合、あるいは資産運用全体のより突っ込んだアドバイスが必要な場合、さらに将来の相続対応に備えて資産形成が必要な場合は、街角のライフプランの現場（ここではライフプランショップと呼ぼう）から地域の大型店（母店）に送客する（図表10）。

現状多くの銀行では、限られた保険デスク設置店に対して母店や近隣店から送客しているが、コンパクトチャネルの発想はまさにその逆である。コンビニ業界各社が「アナタの町の○○○」と謳っているのも、地域よりもさらに小さい単位で個人の生活に密着しようとしている表れである。そして、フランチャイズの本部は商品の売れ筋把握や商品のタイムリーな供給、販促施策などで町のコンビニを支援している。銀行の場合は、モノを店頭に並べているわけではないので、母店が商品供給をするというわけには簡単にいかない。しかし、母店まで行くのが不便な顧客や体の不自由な顧客には、母店から専門家がライフプランショップまで出向いて対応することもありうる。ライフプランのような相談業務はすべて予約制だから、母店からの派遣も無駄足になることはない。ライフプランニングを導入している銀行の多くは、当初、営業店に対し、保険デスク設置店への送客（トスアップ）件数目標を設定していた。結果として起こったことは、ライフプランニングのビジネスモデルの根幹とまったく逆のことである。自店でライフプランニングを行わず、その目的も知らない行員が、声のかけやすいなじみの客にお願いベースで保険デスク設

図表10　ライフプランニングチャネルと営業店の連携

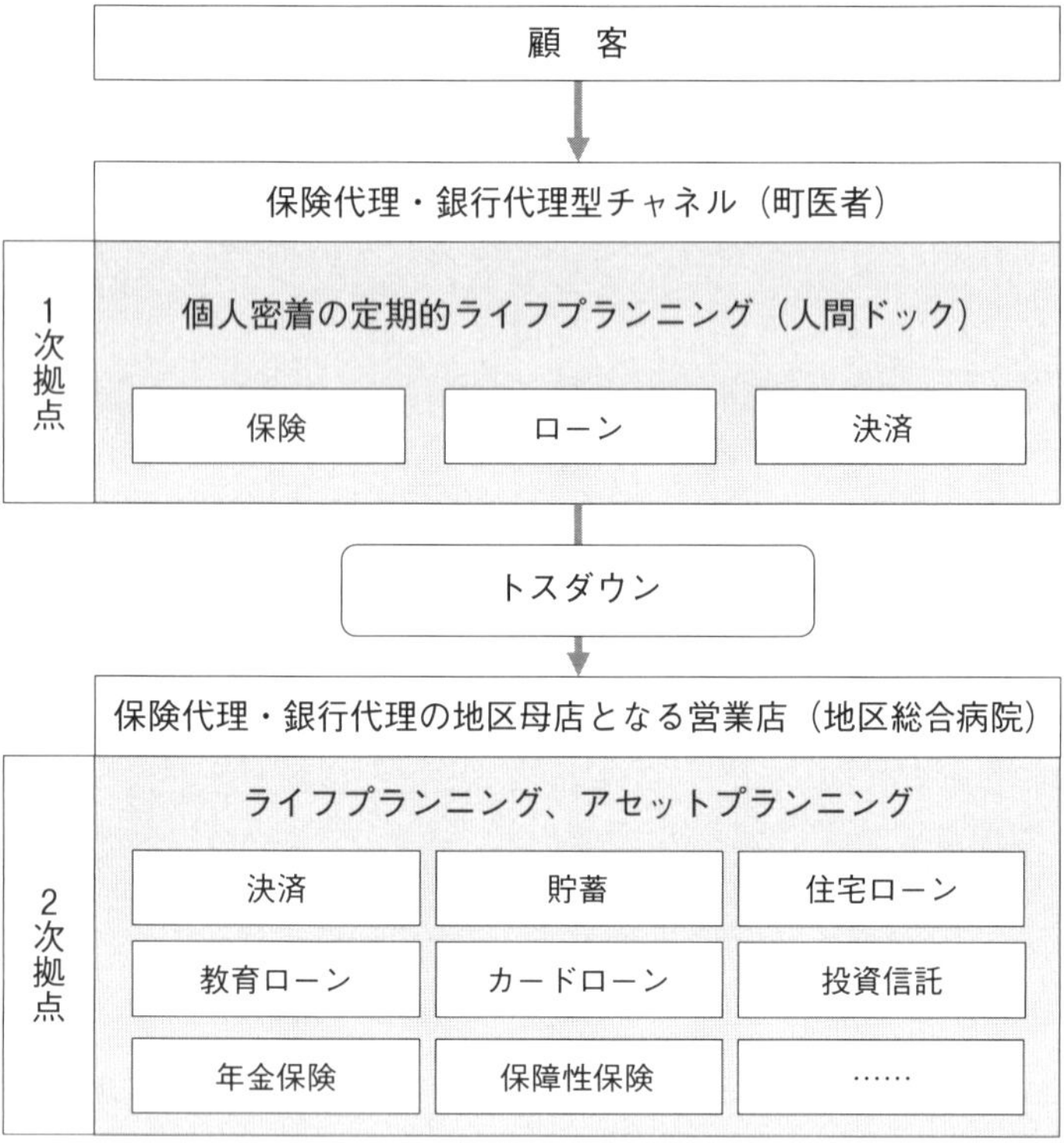

置店へ送客し、月々の件数目標の達成に腐心する。頼まれた客が保険デスク設置店に足を運んでも保険証券すら持参せず、来店目的もはっきりしない。ライフプランナーにとっては、その客のために空けておいた2時間あまりのライフプランニング枠が無駄に終わるのである。

銀行の営業店は、出入りの激しい来店者のさまざまなニーズに行員が日々の流れ作業のなかで応える、あるいは決済で来店した顧客をローンや資産運用の相談窓口に誘導しようとしている。これに対し、あらかじめ予約をとって顧客とじっくり向き合い、最も重要なキャッシュフロー情報を聞き出すライフプランニングのビジネスモデルは似て非なるものである。しかし、ライフプランニングでは、売りたい商品を備えて顧客を待ち構えたり、あるいは会っていきなり商品説明から入ったりはしない。そこでは、予約で確保した顧客との最初の数時間が最も大切な時間である。件数目標をこなす発想とは決してなじまない性格のビジネスである。むしろ、一人の顧客の悩み、潜在的なお金の悩みをどれだけつかんで、その悩みすべてに対応して金融商品を販売できるかが鍵となる。そこでは、クロスセル率と顧客をその後どれだけリテンションして中長期的に商品の販売を増やせたかというアップセル率、これらの二つの指標双方を満たす利益が業績目標となる。

コンパクトチャネルにおいては、母店や近隣の営業店からライフプラン実施店へのトスアップではなく、「町医者―地域総合病院」の連携と同様、ライフプラン実施の街角店から母店（総合店）へのトスアップが送客の基本的な考えとなる。この考え方こそ、まさに顧客中心主義である。自行都合で商品ごとにチャネルを分け、住宅ローンセンターや保険デスクに誘導するのではない。まずは、不確実要素が多すぎて顧客自身でも明確ではないお金の悩みに街角店が聴診器を当てて尋ねるのである、そのうえで、必要に応じてプロダクトの専門家に送客するのである。

この意味で、コンパクトチャネルは、商品単位で組織を組み立て、商品単位で組織を運営している現在のリテール軽量特化店とは根本の発想が異なる。コンビニの場合は、街角のフランチャイズ店は、本部にとってお客様であり、フランチャイズ店が頑張らなければ、成り立たないビジネスモデルである。顧客の心をつかみ、中長期にわたってロイヤルティを形成、維持し、高めていくためには、街角のコンパクトチャネル、ライフプランショップがこれからのリテールバンキングチャネルの主役にならなければいけない。

18 銀行のコンパクトチャネルの形態

街角の診療所と同様に位置づけられるライフプランショップは、フルラインの営業店である必要は毛頭ない。あらゆる金融商品をこれ見よがしに並べておくのは、ライフプランの発想からすると、いかにも商品を売らんがためにみえて、むしろ逆効果である。また、すでにこれまでの説明でわかるように、いずれかの営業店に帰属して自らは顧客の口座管理をしない出張所とも発想は異なる。ライフプランショップは、顧客を向いた銀行の顔であり、いつでも何かあったときに駆け込んでもらう町医者、主治医と同じなのである。ふだんかかりつけの医院やクリニックの医師は、地域の総合病院に所属し雇用されているわけではない。一方で、地域の総合病院もこうした診療所や医院、クリニックがなければ、高齢者をはじめとする患者の来院の波に対応しきれない。ライフプランショップは、この点においてもコンビニチャネルの発想に共通している。街角のコンビニが街の顔であり、顧客はコンビニの本部や物流の拠点を直接は知らないのと同様なのである。従来の支店も出張所も軽量特化店も、コスト効率や店舗の物理的大きさという点ではなく、根本のコンセプトのところでライフプランショップのモデルとはあわないのである。

それでは、ライフプランショップにあう店舗形態は何か。その答えもライフプランニングの機能とその提供に最適なコンパクトチャネルの発想に立ち返れば、自ずとわかるであろう。それは銀行代理店である。しかし、この言葉は注意を要する。すでにみたように、これからは、「顧客代理戦略」と「最適化戦略」をリテールバンキング、より正確には総合リテール金融ビジネスの柱に据えなければならない。そのためのまず第一次的で要の機能がライフプランニングである。これは商品の説明のための機能ではない。それどころか、これまで銀行がずっととらわれてきた商品の呪縛からいったん解き放たれるための機能である。したがって、銀行代理店を銀行の商品の取次ぎ屋という意味でとらえるならば、それはこの戦略コンセプトのむしろ真逆となる。保険の乗合代理店のように、「顧客代理の立場を原則として、顧客ニーズにあった最適な商品を選定する」というコンセプトのもとに運営されなければならない。英国のファイナンシャル・ブローカーや米国の独立ファイナンシャル・アドバイザーは、保険会社や資産運用会社と取扱契約を結ばなくとも代理業登録をすることができる。これに対し、日本の保険代理業は取扱保険会社の契約なくして、代理業を行うことができない。複数の保険会社、大手では数十社の保険会社と取扱契約を結ぶ保険乗合代理店は、こうした制約を実質上取り払うための知恵として生まれたといえる。保険会社1社とだけの取扱契約でなければ、事実上顧客代理としての商品選定が行えるとの考えである。

　銀行代理店といえば、コストに見合わない離島など過疎地の銀行拠点として元行員や、行員でない地元の人あるいは会社（法人）に依頼して設置するのが典型的であった。以前この銀行代理店は、銀行業以外の兼業を禁止されており、また個人でなく法人がこの代理業を行う場合、それは銀行の１００％子会社の場合のみ許されていた。それが、銀行法の改正により、２００６年からは銀行以外の事業を営む法人が、銀行の出資がなくとも内閣総理大臣の許可を得れば銀行代理業を営むことができるようになった。この新しい銀行代理店は、不良債権問題で苦しむ銀行がコスト削減の一環として規制緩和を要請し、実現されたものである。そうした背景に、ここでいうライフプランショップとしての銀行代理店は基本的には想定されていなかった。しかし、実際は従来の支店や出張所に比べ、コスト効率も優れたチャネルといえる。当時の銀行の意図にはなかったにせよ、銀行の下にぶら下がるという発想でない銀行代理店が可能となった戦略的意義は多い。銀行以外の事業者が顧客代理として銀行業を営む「銀行代理店」が理屈上は可能となったからである。

　こうしたコンセプトの「銀行代理店」に通ずる銀行チャネルが実は従来から存在する。皮肉にも、それは銀行が民業圧迫と批判し続けているゆうちょ銀行の特定郵便局である。特定郵便局は、地域の有志が私費（私設）で局舎を提供、運営し、転勤もなく、その子息が運営を継承していくものである。これに対し、普通郵便局が銀行の営業店（支店）であり、郵便局の窓口業務を受託している簡易郵便局が、従来の銀行代理店ととらえることができる。ゆうちょ銀行が、現在の店舗ネットワークの根拠としているユニバーサルサービスを真に強みに変えるには、住宅ローンなど新たな商品の提供以前に、特定郵便局を通じたライフプランニングの徹底を図ることである。それにより取扱保険会社を増やし、顧客代理の立場で保険商品の選定を行うことが、簡保の民業圧迫論を解決に導く最良の道である。また、ライフプランニングを徹底強化し、それぞれの地域の地方銀行の代理店として活動することが、ゆうちょ銀行の民業圧迫論の最良の解決策である。それに伴って、当然ながら地域の貯金は代理店契約を結ぶ地域の銀行に移管していくことになる。これがゆうちょ銀行の金融事業と民業との競合を解決すべき理想の方策である。貸出など現状の業務制約は必ずや事業の収益化の足かせとなる。そして、民間銀行との民業圧迫論は収まらないなか、上場企業としてゆうちょ銀行は利益成長のプレッシャーに苦しむことになるだろう。

ゆうちょ銀行との民業圧迫論争はここでの本題ではない。また、特定郵便局がライフプランニングをこれから磨いていくことも簡単ではない。しかし、ゆうちょ銀行が特定郵便局チャネルをこのような方向で本格的に強化すれば、明らかに銀行の脅威となる。銀行はそうした事態も想定し、ライフプランショップの展開を急ぐ必要がある。銀行自身が、ライフプランショップを設置し、収益を生むユニバーサルサービスを提供することが、銀行界にとって、何よりも強力なゆうちょ銀行不要論にもなるのである。従来のコスト削減や非効率地域での店舗対策としての銀行代理店では、それは不可能である。

19 ライフプランショップとしての銀行代理店の運営

銀行には銀行代理業を外部の事業者が営むことに抵抗があるであろう。従来のように銀行の100％子会社として必ずしも管理できるわけでも、代理店の業務を自らの銀行業務に縛ることもできないからである。しかし、新しい銀行代理店のコンセプトは従来のように銀行業務の一部を委託するというコンセプトではない。銀行が取り扱ういかなる金融商品がその顧客に必要なのかをライフプランニングによって見つけることが第一義である。銀行業務の委託ではなく、その逆、銀行業務への橋渡しである。もちろん、すでに述べたように、ライフプランニングという相談だけを行って商品を売らないというわけではない。精密な検査や高度な判断が求められる症状を除けば、診断を行って処方箋を渡す町の診療所と同様、ライフプランニングから導かれる保障のニーズに最も対応した保険商品は提供する。また、それに伴い発生する保険料の払込みや保険金の受取り等に、銀行の決済手段を提供する。また、ライフプランニングはまず顧客の負債の問題に目を向けることから、保障以外に負債の問題の解決手段としてローンも提供できる。

従来の銀行にとってチャレンジングなことは、この新しいコンセプトの銀行代理店と従来の銀行本部の間の協調と緊張の関係をいかに調整し、両者のパワーを掛け合わすことができるかである。それは、コンビニにおける本部と店舗の関係をみればよくわかる。店舗はそのコンビニのフランチャイズとなっているが、店主はコンビニの社員ではなく、店舗のオーナーであり、独立した自営業者である。店主は、コンビニにロイヤルティの手数料を払うが、それ以上は自らの収益のために店舗の運営に創意工夫する。また、コンビニはそのための支援を行う。仕入れる商品の選定、PB商品を含めたメーカーとの商品開発や販促広告・宣伝、売れ筋情報のタイムリーな還元等を通じて店舗を支援する。また、店舗をスーパーバイザーが定期的に回り、さまざまなアドバイスを行う。コンビニ本部にとって重要なことは、他社との差別化として本部の決めた施策を全店で実施する一方、店舗オーナーの企業家精神や店舗運営の一定の自由度を殺さないようにすることにある。そうすることではじめて店舗のオーナーと店舗網全体の運営者側が一緒に、両者の力を掛け合わせて売上げと利益の拡大を追求することができる。本部の支援・指導・監督・管理と店主の企業家精神の共存が鍵となる。

現在は状況が異なるが、コンビニ業界の成長期においては各社の運営方法の違いが鮮明であり、それがセブン-イレブンの一人勝ちの要因とされてきた。F社は地域での店舗展開を地域で幅広く事業を展開する事業者に任せた結果、おにぎりやお弁当、日用品の品揃えなど地域によりコンセプトのばらつきが目立った。L社はGMSの発想で販売奨励金の多い、あるいはボリュームディスカウントの高い商品を優先的に仕入れた結果、ミネラルウォーターなど商品の偏りが目立ち、小口ながら多様な顧客のニーズに十分には対応しきれなかった。これに対し、セブン-イレブンは、商品政策を本部が統一し、全国共通のコンセプトで商品を供給する一方、おでんダシを関東と関西で変えるといった地域による嗜好の違いにもきめ細かく対応した。また、当初よりITに力を入れてほぼリアルタイムで全国の売れ筋を把握し、顧客ニーズの変化に即応できる、欠品を出さない商品供給体制をいち早く構築した。しかし、そのセブン-イレブンでも、一部のオーナーからロイヤルティの手数料をめぐって訴えられるという経験もしている。

コンビニの例のように、本部と店舗の関係は、一朝一夕で確立できるものではない。経験と情報の蓄積、活用によって店舗運営のノウハウは高度化し、研ぎ澄まされていくものである。しかしながら、店舗のオーナーの企業家精神を損なうことなく、それを十全に発揮させつつ、店舗を支援、管理、監督していく前向きで緻密な共存関係の構築が、あらゆる代理業に共通した成功の鍵である。新しい銀行代理店の成功の鍵もまさにそこにある。縦の序列で組織が形成され、上位下達の指揮系統が色濃く、いまだに「いわなくてもわかるだろう」の文化が強い銀行にとっては、このような店舗運営はおおいなるチャレンジである。100％子会社が安心、銀行専業の代理店が安心という考えの裏にはいまの仕組みを変えたくないという保守的な思考が見え隠れするように思われる。新たな銀行代理店制度が導入された2006年以降、当初のメディアの反響に反して他の事業者による銀行代理事業は、住宅ローンのような特定商品の取次ぎを除けば、広がらなかった。しかし、この新たな銀行代理店制度は、むしろ銀行が積極的に活かし、それを担うパートナーを積極的に求めていくべき制度である。そうして、導入すること自体が反射効果として、銀行本体の店舗運営の見直しや人事制度の活性化につながるはずである。

読者はもうすでにお気づきだと思うが、新しい銀行代理店制度の最適な候補者となるのは、ライフプランニングを行っている保険乗合代理店である。筆者がある大手の保険乗合代理店の複数の店舗でヒアリングした結果では、ライフプランナーは、保険商品の販売を目的としながらもライフプランニングのなかで、一様にローンや運用商品の提供さらにクレジットカードによる決済の提供などの機会を見出していた。筆者が大手の保険乗合代理店のトップに対し、地方銀行との連携を提案した際、それを進めるための条件として銀行並みのコンプライアンス、内部統制管理を求め、そのために営業、経理、システム、監査等の各部門をヒアリングし、必要な措置を求めたことがある。この提携は、地銀へのライフプランナーの派遣と銀行員の研修受入れであり、保険乗合代理店が銀行代理店になるという提携ではない。その後、保険代理店業界も委託代理店制度の問題や乗合代理店の中立性の問題を金融当局で取り上げられ、検討された。その結果として、2016年度をメドに乗合保険代理店も生保や銀行並みのコンプライアンスやガバナンスが求められるようになる。

このことは、銀行にとっては新しいコンセプトの銀行代理店を展開するうえでむしろプラスである。最大手の保険乗合代理店は、すでに全国の店舗数が500店舗強と最大のメガバンクに匹敵する。また、死亡保障のついた年間の保険契約高は、すでに朝日生命など中堅の生保を上回る規模になっている。他方、その代理店側でも住宅メーカーと組んで相互送客を図る動きがある。また、先に述べたようにソニー生命は外訪のライフプランナーがグループのソニー銀行の住宅ローンを取次販売している。保険乗合代理店の立地はショッピングセンターや駅前やオフィス街など、コンビニ同様、顧客の生活の動線にあわせたものである。また、基本的にすべての店舗が賃料店舗であり、商圏の推移に伴って立地を機動的に変えられる前提となっている。直営のほか、フランチャイズ方式での出店もある。さらにライフプランナーは、ライフプランニングを通じて、終身保険に学資、医療など複数の保険商品をクロスセルすることが収入向上の最大のインセンティブになっている。

このような仕組みこそ、コンパクトチャネル時代の銀行のライフプランショップに適合したものといえる。面の遠心的で漸進的な拡大が陸軍の営業店、空軍のネットバンキングに対し、面の拡大にはこだわらず、顧客ニーズのある場所に、飛び地であっても機動的に出店し、商圏が移れば、あるいはよりよい場所が出てくれば、コンビニ同様、追加の出店や店舗のスクラップアンドビルドを機動的に行う保険代理店は、新たに海軍と例えることもできる。地銀にとって、ネット金融の世界は今日競争が熾烈で差別化がむずかしく、価格競争になりがちである。地銀は、このような海軍のネットワークを確保できれば、地方大都市にのみ支店を置くメガバンクに比べ、遥かに機動的で稠密な代理店網で全国の顧客市場に足がかりを築くことができる。陸軍総本部は地元をしっかり維持しながら、海軍と一部空軍で全国を市場とする新たなチャネルを構築することが、地域の市場縮小時代において、隣接地銀同士の統合、合併以上に一つの大きな勝残り戦略となりうる。

保険乗合代理店ではなく、自ら銀行代理店を構築する選択肢ももちろんある。自ら代理店網を構築するメリットは、銀行代理店を前提に現在の店舗ネットワークを見直し、地域ごとに地域総合病院と街角の診療所の連携ネットワークを主体的に構築できることにある。営業店と銀行代理店で地域単位に稠密なフェイス・トゥ・フェイスのネットワークを構築することができる。それはメリットであると同時に従来の店舗戦略の考え方のコペルニクス的な転換を伴っていなければ、絵に描いた餅に終わる。銀行代理店は営業店に従属するのではなく、顧客の第一次的な窓口としてお金の総合検診・診察をライフプランニングによって行うのである。その診断結果によって代理店で治療して処方箋を出す。また、症状によっては地域の営業店に送客するのである。

自前主義が伝統的に強い、また金融規制もそういう自前主義を前提としてきた銀行では、営業店に所属しない銀行代理店にすら抵抗があるかもしれない。その結果、小型の営業店や出張所として、ライフプランショップを展開しようと考えるかもしれない。しかし、ライフプランショップの重要な要件は、顧客代理主義の徹底であり、そのための一種の独立性の確保であり、それを担保するのは、銀行代理店のオーナー精神、企業家精神である。そのためには銀行は100%子会社として銀行代理店をもつべきではない。たとえ、行員が銀行代理店を運営する場合であっても、子会社として実質銀行の行員とすべきではない。銀行の行員が銀行代理店の長になって、それを運営する場合であっても、それは独立した事業者として銀行と代理店の契約を結ぶ仕組みとすべきである。個人事業主あるいは複数の代理店を運営するために事業会社を設立する場合もあるであろう。行員が銀行代理店のオーナーとして独立する仕組みは銀行にとっては、銀行業務の経験があり、また銀行の規制やコンプライアンスの知識、経験がある者が代理店を担うという点でメリットがある。他方、元行員の銀行代理店オーナーは新たにライフプランニングを習得し、それに基づいて顧客のマネーライフを生涯にわたって担える代理店運営、顧客がロイヤルティをもてるような代理店運営をしていかなければならない。

従来役員になれなかった行員は55歳で給与カット、58歳で嘱託扱いとなり、60歳に定年を迎える。55歳以降給与アップを見込めないなか、勤労インセンティブに乏しい待遇となっていた。しかしながら、定年制の65歳延長に伴って銀行が、支店長や役員になれなかった行員にも残り10年間という長い期間について、自らの努力で報酬アップが期待され、かつそれをサラリーマンとしてではなく、事業のオーナーとして働ける機会を与えることは、元気な中高年の行員に第二の飛躍の機会を与えるという点で雇用制度上も意義深い取組みである。もちろん、中高年の行員だけでなく、若手行員でも若い時期に銀行代理店のオーナーとして独立を目指したい意欲ある行員にも同じ機会を用意するべきである。とりわけ、若年夫婦層の乗合代理店の来店が最も多いライフプランニングについては、子どもを育てた経験のある中高年の経験はおおいに価値がある。しかも、まだ住宅ローンの返済を抱えていたり、子どもが自立して間もない中高年は、リタイア層に比べ若年夫婦層のこれからの経験がまだホットなかたちで残っている世代であり、ライフプランニングにより向いているといえる。

中高年行員であろうと若年行員であろうと、最も重要なことはいまの銀行の人事・報酬制度ではたして企業家精神をもった人材、裸一貫で自ら自営業者として独立するリスクをとれる人材が育っているかという点であろう。たしかに銀行は能力主義や成果主義の導入により報酬制度を変えてきた。しかしながら、それはせいぜい限られた金銭的幅のなかでの報酬の格差であった。青天井も奈落の底もありうる自営業というインセンティブとリスクに魅力を感ずる行員が果たしてどれだけいるであろうか。現状のままでは、銀行が自ら行員に銀行代理店としての独立制度を導入しても、はたしてどれだけの行員がそれに応募するかは未知数である。給与アップどころか、55歳から10年間給与が下がり続けるとしても65歳まで銀行にとどまろうとする行員のほうが多いかもしれない。その点、いまの保険乗合代理店のライフプランナーの経歴は千差万別である。もちろん、元保険会社の外交員や銀行マン、証券マンもいる。しかし、前歴は実に多種多様である。自動車販売員もいれば、ショップ店員もいるし、中高年の主婦もいる。皆自分の力で報酬を上げることを夢にみて保険外務員資格をとり、ライフプランナーになる。思った成績が残せなくて他の代理店に移る、あるいは職業を変える者もいる。銀行のようにいったん就職できれば、成績にかかわりなく強制解雇されない、守られた職場とは根本的に異なる。力があれば、数千万円にのぼる報酬も夢ではないが、ボーナス分までまったく稼げず、銀行員に比べれば薄給に悩むライフプランナーもいる。組織の前に自らの実力が明白な結果となって表れる世界である。

このような独立した代理業は日本より欧米のほうが従来から広く存在する。イタリアのミラノのある金融機関は、もともとは保険代理業からスタートし、今日では銀行も投信会社も保険会社ももち、総資産約8兆円と、日本の上位地銀並みの規模の総合金融グループに成長している。そのビジネスモデルは、自行の営業店舗をまったくもたないモデルである。店舗はすべて専属契約を結んだ代理店であり、銀行は、ネット、コールセンター、代理店の取次ぎなどいわばユビキタスのチャネルを通じて顧客に預金、決済、貸出を提供する。保険と投信は専属代理店（ファイナンシャルショップと呼ばれる）がライフプランニングを通じて自社グループ以外のものも含めて商品を選択し、提供する。店頭には銀行のネット端末があり、保険や投信の決済を端末で行うこともできる。また、顧客は、コールセンターへの電話はもちろん、テレビで自分の金融資産一覧や預金決済の一覧（日本の預金通帳）をみられるほか、販売されている投信や保険商品をチェックすることができる。商品を購入したい場合は、電話やテレビ、ネットを通じてオーダーを出すことができる。もちろん、これらのチャネルを使って予約を入れ、代理店でライフプランニングを受けて、商品を選定、購入することもできる。

この金融機関は持ち株会社の下に放送会社をもち、自前のエコノミストを抱えて経済番組や市況番組さらにはカルチャー番組を制作し、衛星放送で顧客のみならず一般の視聴者にも提供している。また、ライフプランナーには市況情報やエコノミスト、アナリストの分析情報を常時テレビの専用チャネルやネットで提供し、そのライフプランニングをサポートしている。もちろん、保険や投信の新商品の情報も事前にライフプランナー向けのテレビの専用チャネルで提供するほか、このチャネルを用いてライフプランニングやコンプライアンスの研修も行っている。ライフプランナーは、家のテレビでも本部で実演されるロールプレーや成績優秀者によるコーチングなどの研修を受けることができる仕組みとなっている。

専属の代理店といいながら、そこで働くライフプランナーはあくまで自営業者である。なかには事業会社として自前のライフプランナーを抱え、自らはライフプランナー兼社員のライフプランナーの監督役もしている起業家もいる。もちろん、ライフプランナーの働くショップは、彼らが自前で賃料を払っている。日本のコンビニ同様、店は自分の城であり、彼は店のオーナー、一国一城の主である。したがって、彼らにはこの金融機関との専属契約を解除し、単独で代理業を行う、あるいは保険会社や他の金融機関と専属契約を結ぶこともできる。こうした代理店と金融機関の一種の緊張関係が、収益向上というお互いの共通目標に向けて掛け算の連携を生む素地となっている。

金融機関の側は、保険会社や他の金融機関以上に質の高い代理店支援サービスの提供にしのぎを削る。リアルタイムでのネットを通じた金融経済情報や新商品の解説情報の提供、テレビ等を通じた研修サービスの提供など、この金融機関は、いち早くネットやテレビといったチャネル開発、活用に投資をしてきた。また、独立心と起業家精神に満ちたライフプランナーと金融機関の一体感を深めるため、金融機関は四半期ごとに各地区を巡回し、その地区の専属ライフプランナーを集めて地区総会を開くほか、年に一度は全国4000名強の専属ライフプランナーを集めて慰労をかねた一大イベントを開催している。他方、社内独自のライフプラン資格を策定し、これを基準にライフプランナーを審査し、専属契約を結ぶ先を選んでいる。また、ライフプランナーに払うボーナスについても、保険契約高という定量基準だけではなく、契約した顧客へのアンケートを通じてコンプライアンスや接客姿勢等の定性チェック項目を尋ね、それも査定に加味している。金融機関の顧客代理、中立という販売方針にそぐわない売り方をしたライフプランナーはたとえ売上げが多くとも査定評価は低くなるほか、その売り方によっては契約の解除もある仕組みとなっている。

さらに金融機関は自ら採用した社員もライフプランナーとして育成している。優秀な大学生を得るためにライフプランニングに関心のある学生に対して、費用全額負担でライフプランナー取得のための研修を自社の研修センターを使って提供し、在学中の資格取得を進めている。採用した新卒社員は、多くをまずコールセンターに配属し、非対面で顧客の相談に乗れる訓練をさせてから、店頭に配属する。また、自社の社員であるライフプランナーに対しても独立を積極的に進める。もともとこの金融機関の創業者は資金も人脈もないところから、保険代理業を立ち上げ、イタリアで最大のライフプランナーネットワークを有する総合金融グループを築き上げたイタリア金融界では有名な立志伝中の人物である。社員が独立する場合は、情報、教育研修の支援はもちろん、開設するファイナンシャルショップの造作費の支払や当初数年間は賃料を補助するというサポートを提供している。

こういう仕組みは、基本的には日本のフランチャイズ事業にも共通する。そのなかですでにスターバックスと日本マクドナルドの比較で触れたように、提供する商品の価格やロイヤルティ料といった価格戦略以上に、顧客に何を提供するかというコンセプトとそれを徹底するための代理店への支援、管理、監督が、優勝劣敗を大きく左右する。日本の銀行はこうした企業と同様に数多くの顧客を相手にしているにもかかわらず、店舗運営以前に経営の根幹のところで進化が遅れてきたのではないだろうか。

たしかに銀行は他業種に比べれば、相対的に厳しい規制が課せられている。自行行員でない外部人材には接客、店舗運営は任せられない、問題が起こったときのレピュテーショナルリスクは甚大という声も根強い。しかし、食品偽装事件にみられるようにフランチャイズ事業を展開している小売業者やほとんどの店舗スタッフを契約やパートで運営している流通業者においても、今日レピュテーショナルリスクの影響は経営そのものを揺るがしかねないほど大きい。銀行はむしろ規制業種を言い訳に規制遵守の質以前に、経営の質そのものを高める努力を怠っていたのではないか。そのかわりひたすらコストの一方的な削減というだれからも非難されにくい収益対策という道に逃げ込んできたのではないか。純血主義で他流試合が苦手、定年後の世話もする守られた職場といわれてきた銀行も、コンビニをはじめとした多くのマス顧客向け事業者の店舗運営手法、人材活用手法を真剣に学ぶ時が来たといえる。

考えてみれば、欧米では銀行で働いていることは特別な存在ではないし、投資銀行は別として給与が高いわけでもない。地域では公務員に次いで安定した職業で守られているステータスの高い銀行員に普通の市井の感覚が欠けているとすれば、ライフプランニングを提供することは顧客の感覚を身につける絶好の機会である。

20 銀行におけるライフプランニングの展開方法

銀行におけるライフプランニングの活用範囲は、保険商品の販売に特化している保険会社や保険代理店よりも幅広い。むしろ、幅広く活用しないのであれば、銀行としての優位性は発揮されない。この意味で、一部の特に地方銀行が現在提供するライフプランニングは当初より保険販売のためと位置づけており、幅広い活用の可能性を自ら放棄している。また、それを担わされている保険デスクの銀行員もそれを使って保険を販売することに精一杯な状況にある。繰り返しになるが、ライフプランニングで得る生きたキャッシュフローの情報は、銀行がこれまで預金決済で得てきた決済データより遥かに顧客の生活の実像に迫ることができる。それは現在の生活のようすにとどまらず、子どもの数、進学意向、持家意向、車の嗜好など、将来の生活プランにも迫ることができる。これは、銀行にとって総合金融サービスをまさに提供するためのコアの情報であり、クロスセル、アップセルと顧客の長期リテンションならびにロイヤルティ向上の出発点となる。

たしかに銀行がそれらの情報を保険会社の代理店として得ている限り、その情報は保険販売以外のために活用することは許されていない。しかし、そもそも考えてみれば、こうしたキャッシュフローデータは、企業渉外の現場では貸借対照表、損益計算書と同様、銀行員が企業からヒアリングしていたデータである。顧客の資金繰りをチェックして、その資金繰りをつけるという銀行業の原点に立ち返ると、銀行に限っていえばそもそもライフプランニングを保険商品の販売のためとだけ位置づける必然性はない。いわば、保険デスクの担当者だけでなく、リテールの店舗のあらゆる営業行員が、ベースの情報として把握しておくべき情報といえる。キャッシュフローデータは、ちょうど医療の世界における患者のカルテに相当しよう。このカルテは、総合病院であろうと町の病院であろうと、クリニック、診療所も含め医者であればだれでもつけていなければならないものである。

その意味で、保険デスクの担当者だけでなく、住宅ローンの担当者も投信の販売担当者もテラーの行員も全員が把握しておくべき基礎データである。したがって、銀行においてはライフプランニングを保険に限る行為ではなく、医者の初診と同様の位置づけにする必要がある。医療の世界と同様、新規の口座開設の時にまず把握することが理想である。また、それを今日の医療と同様、人間ドックの位置づけにして定期的に把握し、変化情報をタイムリーに得ることが重要である。このことが、まさに医療と同様、顧客のお金のリスクを早期に発見し、早期に対処することにつながる。すなわち、銀行においては、ライフプランニングを総合口座のなかに位置づけ、顧客に対しても保険以外も含めた総合負債コンサルティング、さらにはその次のステップとしての資産形成やその次の資産運用コンサルティングの基礎サービス、定期健診と認識してもらうことが必要である。それは、保険販売ではなく、総合口座のなかにライフプランニングを位置づけて、定期健診サービスとして提供することが求められる。銀行が今後真に必要な顧客ロイヤルティ向上策の第一歩は、この定期健診を顧客に提供する、顧客に受け入れてもらうことから始まる。

保険乗合代理店でライフプランニングの現場を観察すると、ライフプランナーは大きく二つのタイプに分けられた。一つは、キャッシュフローの逼迫度により注目するライフプランナーである。もう一つは、キャッシュフローの余裕度により注目するライフプランナーである。前者は、キャッシュフローデータ以外にヒアリングのなかで、消費者ローンなど借入れの有無を確認し、もし借入れがあれば、その全容を炙り出す。住宅ローン以外に複数の日常的な借入れがある場合には、保険の購入相談の前に借入れの返済の推奨、そのための方法についてアドバイスするライフプランナーがいる。それは親からの資金手当や親からの借入れによる外部資金の返済であったり、おまとめローンの導入であったりする。後者の場合は、定期預金や投信、株式など保有する金融資産を尋ねる。ライフプランナーのなかには、投信や株の保有銘柄まで聞き出す者もいる。これにより保有金融資産の固定化具合や顧客のリスクテイク嗜好がわかる。両者ともライフプランニングのなかで聞き出すこうした追加の情報は、保険購入資金の余裕をまず把握するためにある。また、借入れが多い顧客に対しては、保障性保険を負債管理のためにどう活用できるかを教え、借入れの返済等による将来の支払リスクの軽減と支払リスクへの保険での備えを勧める。後者のほうは、貯蓄型の保険に対するリスク嗜好を把握し、それに対応した保険を提案する。また、資産の総額から将来の相続税の発生の可能性を把握し、それに対応するための保険の提案を行う。

保険乗合代理店の現場ですら、ライフプランニングによって顧客の顕現化した金融ニーズにとどまらず、将来の潜在的な金融ニーズの把握が行われている。ただ、代理店のライフプランナーは、それに対して保険商品でのソリューションしか提供できない。銀行は、その制約を越えて総合的なソリューションを提供することができる。そのためには、先に述べたように、まずライフプランニングを保険販売だけに位置づけないことが必要である。次に保険会社も保険代理店も銀行も、大半が現在保険商品だけの販売を前提として利用しているライフプランのシミュレーションツールをローン、預金、投信などの商品選定も含めた統合的なツールにすることが重要である。その際、シミュレーションは、キャッシュフローの余裕度、詰まり具合で展開のシナリオが分かれるロジックツリーで構築することが有効である。

ここで注意すべきは、ライフプランで得た情報の取扱方である。銀行界にもビッグデータの波がITベンダーやIT系コンサル主導で押し寄せるなか、これらの情報を情報系ホストの顧客口座データと紐付け、データベースとして統合しようとするインセンティブが働きがちである。しかしながら、繰り返しになるが、この情報を活かし、管理する一次的な窓口は現場のライフプランナーである。診療所の医者が、ある症例でたとえ患者の情報、データを地域の総合病院と共有したからといって、後は総合病院の指示に従うということには決してならない。患者はその後も、何かあれば身近なかかりつけ医にまず駆け込むであろう。長年その患者のことを診ていれば、なおさらである。多くの患者を取り扱う地域の総合病院が、かかりつけ医の役割を担うことは事実上できないし、そうしようとすべきでもない。かかりつけ医で対応できない治療や手術を専門的な知識や経験で行うのが総合病院に期待される中心的な役割である。

銀行の個人マーケティング部がライフプランニングで聴取した情報を銀行の他の取引情報や属性情報と統合して、分析し、コールセンターやネットを使って直接アプローチをしても、はたして顧客はその分析に従ってなんらかの取引を銀行とするであろうか。かかりつけ医と同様間違いなく、顧客はライフプランナーに自分にあった商品について尋ねるであろう。また、尋ねないとしたら、そもそもあらゆるチャネルを使ってセールスを試みても、うまくはいかない。ライフプランナーに尋ねないというのは、そもそも銀行に対するロイヤルティが低いか、あるいは皆無だからである。データマーケティングやデータ管理の発想からすると、顧客に関する情報をすべて統一的に把握したいと考えるであろう。しかし、情報はデータとして蓄積した瞬間から過去の情報となる。ビッグデータの手法で解析しても、顧客のいまのニーズや将来の意向・悩みを直接とらえられるわけではない。もっとも、理想のセールスは、助けが必要なときやニーズがあるときに顧客自らが直接声を発して、必要で最適な商品を買ってくれることである。ドラッカーの言葉を借りれば、究極のマーケティングとはセールス行為をしなくても顧客が商品を買ってくれることである。きわめて強いブランド力で顧客を惹きつけるビジネスのマーケティングはそれに近い。それは、そのブランドが顧客からの強いロイヤルティを得ているからである。

ライフプランニングを核としたコンパクトチャネルは、顧客と中長期的なロイヤルティを築くための仕組みである。そのためには、顧客にいちばん近いところで顧客の情報の変化をとらえ、それに機敏に対応することを繰り返していくことが不可欠である。また、そもそもライフプランニングで得られる定量的、定性的情報は、これまでの銀行のいかなるデータよりも顧客の生活の実像に迫ることができる情報である。それについて最も重要なことは、他の情報やデータと突き合わせて統計的に処理することではなく、その情報をいかにタイムリーに更新する仕組みをつくれるかである。そのことも、地域の母店や本部ではなく、顧客に最も身近なライフプランナーこそできることであり、そうしなければならないことである。

したがって、ライフプランニングで得た情報は、顧客に近いところで管理し、活用することが第一に必要である。そのうえで、かかりつけの町医者に対し、地域の総合病院が、情報のより高度な解析を含めてライフプランナーに必要な支援を行うという両者の役割分担の仕組みが必要である。中央がいたずらに現場の情報をすべて吸い上げ、現場にいないマーケッターが分析、管理することは、むしろこのビジネスモデルでは、危険ですらある。

第5章

これからのセグメント別顧客戦略

21 負債コンサルティングの次のステップ

一般にライフプランニングで顧客のキャッシュフローをとらえることでみえてくる最初の金融ニーズは、将来のお金の必要（偶発債務）にどう備えるか、あるいはいまあるお金の必要にどう備えるか、である。これに対応する商品は、保険であり、貸出である。次に顧客側に起こる一般的な金融ニーズは、お金に少し余裕が出てきたが、将来の不測の支出にも備えなければならないというニーズである。すなわち、流動性を確保しつつ、少し余裕のある資金を普通預金よりは少し有利に、中長期的に、しかしいざというときはいつでも換金できる流動性を確保しつつ、運用したいというニーズである。銀行の顧客で少なくとも95％にのぼる預り資産1000万円以下のマス層に分類される顧客が普通預金の次に考えるのは、こうした流動性を確保しつつ、少し有利な利回りで継続的にコツコツとお金を貯めることができる商品である。普通預金が第一線の流動性準備とすれば、こうした金融商品は、第二線の流動性準備の性格をもつ。多くの個人は、リスクが高く、換金性の小さい金融商品に長期にわたって投資することはむずかしい。「第二線流動性準備」「継続性」「普通預金を上回る利回り」という性格を備えた金融商品こそ、広く個人の資産形成のベースとなる商品である。株式や投信などのリスク性の資産への投資も、この商品での運用の次のステップとして、この商品の換金を通じて行われるものである。

では、「第二線流動性準備」「継続性」「普通預金を上回る利回り」、この三つの性格をもつ銀行の金融商品にはどのような商品が該当するであろうか。預金商品では、貯蓄預金が該当する。現在その残高はおよそ7兆円である。預金以外では、ゆうちょ銀行の通常貯蓄預金もそれに当たる。また、かつてのマル優の税優遇もあった定額貯金も、預入れから6カ月後でなければ払出しができないが、解約手数料なしで換金できるという点でこれに近い性格をもつ。預金以外ではMRFやMMFも該当する。預金と違って元本保証ではないが、証券会社において株式や投信運用購入の待機資金やその売却の受け皿資金の性格をもつ。ちなみにMRFやMMF以前に換金性を確保した証券会社の運用商品として広く普及していたのが、中期国債ファンドである。

今日MRFはおよそ12兆円あり、この残高は銀行の貯蓄預金を上回っている。本来、預金決済を担うべき銀行が普通預金に次ぐ第二線流動性準備としての預金商品を積極的に提供しなかったことから、今日MRFが主にその代替的な金融商品となっている。当の銀行は貯蓄預金よりも定期預金の提供にもっぱら腐心してきた。日本は英米と異なり、戦後政府、金融当局は、「不倒神話」と呼ばれた暗黙の保証・保護を銀行に提供するかわりに、資本市場ではなく、銀行に設備投資資金の供給の役割を背負わせた。銀行は、高度経済成長で資金需要の旺盛な日本企業へ安定的に資金供給するため、流動性預金よりも安定的な定期預金による資金調達に集中した。定期預金の多寡が収益の多寡を左右したといっても過言ではない。その結果、日本の銀行では普通預金並みの残高を定期預金が占めるという、世界でも類をみないほど定期預金に傾斜した調達構造となっている。

海外では、普通預金に次いで残高が多いのは、普通預金並みに流動性があり、かつ普通預金よりは多少金利の高い貯蓄預金である。企業の設備資金調達は、海外では主に社債や株式など資本市場による調達でまかなわれた。海外での銀行の調達は、いつでも引出し可能な流動性預金が資金調達の大半であった。そのため、貸出も5年や10年に及ぶ設備資金リスクをとるよりも、いわゆる企業の運転資金、売掛けや買掛けの発生に伴う資金の受取りと支払のギャップを埋める短期の貸出（ギャップファイナンス）が貸出業務の中心であった。

上記のような戦後日本の銀行が担った役割が定期預金の増大をもたらした。しかしながら、バブル崩壊後、経済成長が鈍化し、日本企業の設備資金需要が国内で減衰し続けているにもかかわらず、銀行の定期預金残高は普通預金残高に近いという状況が続いている。他方、銀行は定期預金で集めたお金の運用に苦労し、貸出需要が増えないなか、国債購入への依存を年々強めてきた。人間の体に例えるなら、新陳代謝が衰える中高年になったにもかかわらず摂取する食べ物の種類は若い時のままであり、結果消費しない（貸出に使えない）カロリー（お金）が余計なカロリーとして蓄積され、肥満体になってしまっている状況にある。日本の個人金融資産に占める現金と預金の割合が5割を超えている現実や政府・金融当局が声高に唱えている「貯蓄から投資」へという背景も、時代の変化に対して銀行の資金調達構造が対応していないことにある。依然として多くの銀行経営者、特に地方銀行の経営者は定期預金を獲得しないことによる資金量の減少、バランスシート規模の縮小は銀行が縮小均衡していき、収益力の脆弱化を招くという恐怖感がある。そういう恐怖感は、２０００年代に入り増幅した。資金利益低迷の収益補完として投信と貯蓄性保険の販売に躍起になった反作用として、特に年金保険などの販売で流出した資金が10年にわたり返ってこないという恐怖感によって増幅されたのである。

たしかに食事だけの減量に取り組むだけでは、痩せたとしても体の維持に必要な栄養や筋力を失い、かえって健康を損なうか、リバウンドによって元の肥満状態に戻ってしまう。中長期に資金を固定化する年金保険や類似の性格の投信をブローカーとして販売したのでは、顧客関係という銀行の体への栄養の源となるルートも断ち切ってしまうことになる。日本の銀行も英米の銀行のように本来の銀行の姿にいまこそ立ち返る必要がある。すなわち、資金量のうち圧倒的なシェアを占める多くのマス層の個人顧客を抱える銀行にとっては、流動性資金を調達して必要なところへ流動性資金を供給するのが本来の間接金融の担い手としての機能である。

たしかに銀行の金融仲介機能には、短期に調達した資金を中長期の貸出に使うといった、調達資金の期間とその運用の期間を変換する機能がある。しかしながら、世界的な経済の不確実性の高まり、そのなかでの「日本経済の相対的な低成長化」「少子高齢化」「銀行不倒神話の崩壊」「バーゼル銀行規制の継続的な強化」「個人生活の先行き不安要因の増大」といった社会経済的な変化をふまえると、銀行は以前のような短期から中長期への期間変換機能を担えない状況となっている。実際、リーマンショック後、銀行のこうした金融仲介機能が欧米を中心に極端に低下した。その反作用として「シャドーバンキング」と呼ばれる各種ファンドを通じた資金供給のパイプが拡大している。そして、銀行よりも規制が緩いとされているこれらの資金供給の不安定要因を問題視する声も高まっている。

世界経済的にみてより深刻なことは、アジアやその他の新興市場の経済発展に必要な資金量が、シャドーバンキングや保険会社、年金基金といった機関投資家からの資金供給をあわせても、まかなえないとみられている点である。こうしたなか、官製のファンド（ソブリンファンド）や中央銀行がこうした資金供給の重要な役割を担うという事態も発生している。日本でも、日銀によるＥＴＦやＲＥＩＴの購入、アジアへの融資を目的とした銀行向けの資金供給スキームの導入、各省庁がこぞって設立した産業革新機構をはじめとする機構という半官半民ファンド、さらに民営化決定後日本政策投資銀行が東日本大震災により経営が悪化した東京電力にとどまらず、国内のインフラ事業やプロジェクトへの主要な出資者となるなど、日本においても官の産業資金供給のパイプは急速に拡大している。これら政府の資金供給は財政の負担によって行われ、日銀による資金供給は日銀への信用をてこに行われている。

欧米の銀行に比べ資産の質の問題や流動性の問題が相対的に軽微な日本の銀行においても、国内における資金運用難という問題は、先に述べた日本の社会経済的な構造変化を受けて、今日構造問題化している。それを映じて、メガバンクを中心に海外市場での資金運用が拡大している。その結果、円ではなく、ドルという外貨の資金調達ニーズが高まり、メガバンクだけではなく地方銀行でもドル建ての債券発行に乗り出す動きが出てきている。

こうしたバブルの崩壊とリーマンショックで明確となった日本の社会経済構造の変化、そしてそもそも圧倒的に数の多い個人のマス層の流動性を確保した資金運用ニーズ、これらに対し、日本の銀行が原点に返って真摯に対応することが必要である。そのためには、「個人に対する運用資金の提供を定期預金から流動性のある資金に転換する」という銀行の資金調達構造の抜本的な構造変革にいまこそ取り組まなければならない。そして、定期預金にかわる金融商品とは、貯蓄性預金やMRF、MMFである。それを供給することが、銀行の負債コンサルティングの次のステップである。そして、それこそが保険や貸出など生活の保障という負債コンサルティングから、資産形成のコンサルティングの提供へと切れ目なくつなげる橋渡しとなるのである。

22 個人金融資産の現預金50%割れの道筋

政府は、「貯蓄から投資へ」をスローガンに、個人の投資意欲を促すねらいから株式投資に一定の税を優遇するいわゆる日本版NISAを導入した。これは、有価証券の譲渡益課税の優遇措置廃止の見返り策との見方も強い。他方、政府は証券業界とともに日本の個人金融資産が現金と預金に偏っている点を問題視し、特にバブル崩壊後、投資を促す策を模索してきた。そして、広く個人の小口投資を進める手段として、英国のISAに倣った少額証券投資に係る優遇措置が導入された。

しかしながら、個人金融資産に占める現金と預金をあわせた割合は依然として5割を超えており、日本版ＮＩＳＡの導入がこれを大幅に下げる起爆剤となるとみている関係者はほとんどいないであろう。これだけの低金利が20年あまり続いていながら、現預金への運用が中心である理由として、「日本人が保守的であるから」とか「そもそも現金を好む国民性だから」とする論調をよく耳にする。しかし、国民性の問題に帰着させる前に、もう少し個人のリスク資産への運用余力の状況を個人の資産レベルに応じて冷静にみる必要がある。

英米をみても、世界的に共通していることは、金融資産が多くなるほど、一般的に株式や不動産などのリスク資産への投資割合は高くなる。逆に金融資産の少ないマス層は、こうしたリスク資産に中長期にわたって投資する余力は小さい。それは、流動性の高い資産へのニーズが高いからである。鍵となるのは、預金に匹敵する流動性があり、普通預金といった決済資金よりもリターンの高い金融商品が、どれだけマス層に受け入れられているかという点である。しかも、マス層は圧倒的に銀行をメインの金融機関として考えている顧客層である。これに対し証券会社のマス層へのアプローチは希薄である。そもそもマス層をベースに収益をあげるビジネスモデルにはなっていないからである。したがって、銀行の対応が個人金融資産に占める現預金の割合の鍵となる。

銀行における日本版ＮＩＳＡの口座開設数は、これまでのところ証券会社と比べてかなり少ない。逆にNISA本家の英国では、株式およびそれに関連した投信に投資する株式版ISAよりも、銀行において預金からMRFや債券投信へ投資する預金版ISAのほうが口座残高の割合は高い。英国では銀行が提供する流動性の高い預金版ISAがマス層に受け入れられているからである。流動性を求めるマス層のことを考えれば、預金版ISAの日本における導入は預金への利子所得課税の軽減につながるという税務上の課題もあるが、個人の運用意識を高め、広げていくうえで、効果的である。

繰り返すが、日本の銀行は社会経済の構造変化を受けて今後ますます高まる流動性のある資金への運用ニーズに対応していく必要がある。そうでなければ、人口減少、国内資金需要の減少という構造変化に対応した、銀行の「資金量確保の呪縛からの解放」と「銀行の再生」はない。

流動性のある運用とは、株式のようなリスク資産の購入という投資ではなく、流動性を確保しながら、決済資金よりは高いリターンをためていく貯蓄と呼ぶほうが正確である。政府は、以前から「貯蓄から投資」を掲げているが、「貯蓄から投資」の前に、まず圧倒的多数のマス層が「決済から貯蓄」に資金をシフトさせなければ、個人金融資産に占める現預金の割合は5割を下回ることはない。

貯蓄は投資へつながる資産形成の器であり、投資のための待機資金ともなる。海外では、それが貯蓄預金（saving account）であり、バブル期の日本の定期預金と同じ位置づけにある。たとえば、英国では、１９８０年代後半から決済預金（current account）と貯蓄預金は電話一本で両口座間を自由に資金移動できるスウィング口座となっている。当時は両口座の金利差は３％程度あった。顧客は一定額以上の決済預金を貯蓄預金に移すことをあらかじめ設定したり、そのつど必要に応じて希望の金額を移すこともできる。また、いったん設定しても、当座のお金が必要になれば、電話一本（当時はネットサービスはない）で貯蓄預金から決済預金へ戻すこともできた。また、もう少し資金に余裕のある個人は、投信信託の購入を勧められる。税の優遇があるオフショアの貯蓄預金口座の開設を勧める銀行もあった。

翻って日本の状況をみると、上記に似たようなサービスを意識させているのは、銀行ではなく、証券会社である。証券会社は、顧客が売却した株式や投信の資金が銀行口座に入るのを防ぐために、あるいは株式や投信購入までの待機資金の受け皿として流動性の高い運用商品をつくった。中国ファンドがその嚆矢であり、その後ＭＭＦ、そして今日ＭＲＦがいつでも引出し可能でかつ普通預金より高い利回りを目指す商品として定着している。ＭＲＦは今日5割以上が国債に運用されている。残りは政府保証債や政府機関債、シングルA以上の社債など、安全性と流動性の高い運用商品に投資しており、普通預金に比べ平均的に2倍から3倍高い利回りを確保している。

銀行の今日のバランスシートをみると、銀行によって異なるものの、普通預金と定期預金の少なくとも2割から3割は国債に運用されている。しかもこの10年近く国債が銀行にとって重要な収益源となっていた。証券会社が国債を中心としたMRFやMMFの運用で顧客に普通預金よりも2倍以上の利回りを提供していることとの比較でみれば、銀行は国債運用を核にMRFやMMFを運用する資産運用会社よりも超過利潤を得ているとみなすこともできる。これは、かつての銀行が預金を貸出に使って収益を得ていた状況からすると、明らかに異常な事態である。

バーゼル銀行監督委員会は、これまでリスクウェイトをゼロとしていた銀行の保有国債についても自己資本を課す方向にある。これは銀行が「銀行ビジネスとは何か」という根本的な問題について、あらためて考える好機ととらえるべきである。具体的にいえば、「預金で調達した資金は何に運用すべきか」という問いである。個人の資金管理あるいは資金使途を「決済」「貯蓄」「投資」と分けてとらえるべき時代において、また現金や預金決済以外の決済手段、銀行以外の融資・資金提供手段がますます拡大、多様化しているなかにあって、銀行はどのような資金使途や資金管理手段を提供すべきか。国の成熟化・低成長化と格差の拡大、人口減少は、人間の成長・年齢変化と同様、それに応じた資金管理や資金の使途のあり方の変更を迫っている。目の前の規制変化への対応という次元を超えて、こうした根本のところから、銀行は貸出以外の資金運用のあり方についてとらえ直すことが不可避となっている。

自然に考えれば、貸出への需要が構造的に減ったのであれば、それに対応して預金の獲得を減らすのが筋である。銀行側からは、預金は受動的、すなわち集まってくるものであり、銀行側がコントロールできないとの反論があるかもしれない。しかし、貸出の減少にもかかわらず、結局銀行がキャンペーンを繰り返して調達している定期預金が普通預金に近い残高がある事態をみると、そうした反論の根拠は弱い。

国債の運用を銀行の資金運用に恒常的に組み込むのであれば、それに見合う資金は証券会社同様、MRFあるいはMMFの提供で獲得し、現在の預金金利より高い利回りを顧客に還元すべきである。銀行の95%を占めるマス層の顧客にとって、流動性を確保しながら、中長期的に運用するという貯蓄商品は、普通預金に次ぐ最もニーズの高い、大切な金融商品である。今日預金以外の運用商品も扱うようになり、総合金融サービスを標榜する銀行において、MRFあるいはMMFを提供することは、貸出需要の減少とは関係なく、銀行の使命といってもよい。国内の資金需要の減少という構造的な変化に対し、銀行はそれに見合って資金調達面でも構造変革するということができなかった。ある意味、負の慣性の法則が働き続け、相変わらず定期預金での資金獲得を繰り返してきた。それは、貸出の構造的減少のなか、行き場のない資金をバランスシートに抱え続け、その結果、国債運用がふくらんだ。銀行のこうした対応の遅れが、個人金融資産に占める個人の現預金が5割を上回り続ける最大の要因であるといっても過言ではない。

銀行が、国債運用相当の資金調達をMRFあるいはMMFで行えば、個人金融資産に占める現金、預金の割合は5割を下回る。超過利潤は失うが、預金の減少により預金保険のコストは下がる。また、それにより銀行のバランスシートは預金がMRF、MMFへかわることにより、その分バランスシートは縮小する（図表11）。「資金量こそ収益の源泉」「資金量の拡大こそ成功・成長の証」という過去が忘れられない銀行経営者にとって、バランスシートの縮小は受け入れがたいことかもしれない。しかし、すでに述べたように、収益がボリュームに比例する時代、一律の価格戦略（価格インセンティブ）がボリュームを継続的に拡大させ、収益の持続的な増加をもたらすという時代は終わりにきている。顧客のことを第一に考え、銀行も変化しなければならない。もちろん、日本が再び経済成長を取り戻し、国内の資金需要が拡大した場合は、銀行は預金をベースに貸出を拡大させ、バランスシートは拡大する。経済が成長軌道に乗れば、金利は上がり、預金の増加と貸出の増加が並進するのは自然な姿である。

要は、国内の資金需要が減少し、規制緩和によって総合金融サービスを提供する時代が到来し

図表11　銀行のバランスシート運営の今後

[銀行の資産運用と資金調達構造]

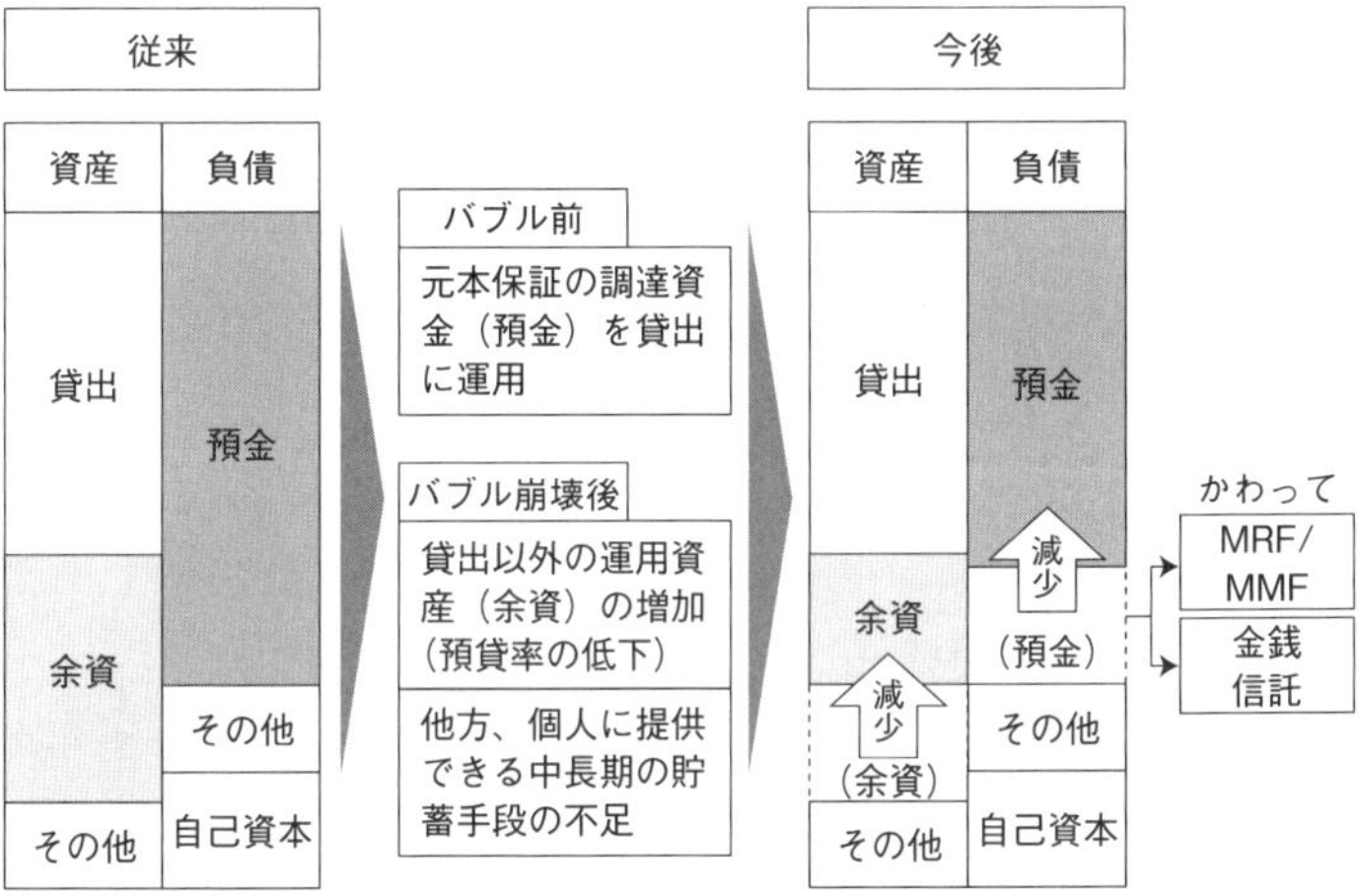

[将来の個人資金口座]

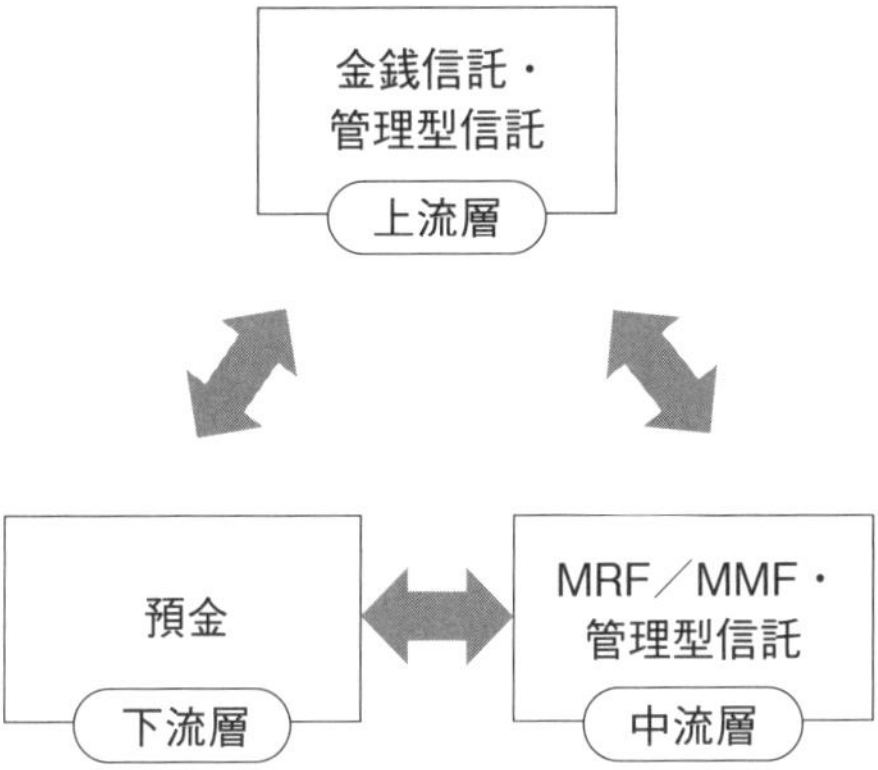

たにもかかわらず、個人の資金運用ニーズという面で、銀行は、マス層への流動性の高い貯蓄商品の提供を怠ってきたのである。MRFやMMFに加え、もちろん現在銀行の預金商品のなかで存在の薄い貯蓄預金もそうした商品である。銀行がバランスシートを使って国債運用を行うのであれば、貯蓄預金での資金獲得がそれに対応する。バランスシートの資産は貸出が本位との考えから、国債運用をバランスシートから切り離すのであれば、その資金獲得は現在ではMRFやMMFが対応する商品である。あるいは、銀行自体がMRFやMMFにかわる貯蓄商品を資産運用会社と開発してもよい。皮肉なことに流動性を確保した貯蓄商品は証券会社の側が開発、発展させてきた。それは、顧客の流動性を自社にとどめたいという思いからである。証券会社に比べると、流動性資金の滞留が当たり前と考えてきた銀行においてそうした意識は希薄であった。

銀行がこうした貯蓄商品を提供することにより、「決済→貯蓄→投資」へという資金の余裕にあわせて、あるいは流動性の余裕にあわせて投資が行われるという「決済→貯蓄→投資」という流動性に応じた本来の資金の運用の仕組みが整う。この仕組みが銀行から提供されないままでは、政府・金融当局がいくら声高に「貯蓄から投資へ」を叫んでも、投資への資金の流れは、証券会社がメインとする富裕層からの流れにとどまったままであろう。また、「決済→貯蓄→投資」と資金が流れる仕組みができあがる時、銀行という組織と証券会社という組織の融合が真に始まる。一部の大手証券がネット銀行を設立した動きは注目されるが、銀行と証券の真の融合があるとすれば、それは銀行がMRFやMMFを提供することによって始まる。メガバンクは証券子会社を再編して、子会社化した。地銀にも証券会社を設立するところが登場した。しかしながら、銀行が子会社として証券会社をつくり、証券業界と同じ土俵で戦う限り、証券業界のコア顧客を奪取するのはむずかしい。銀行は、証券業界が銀行を設立しない限りもてない普通預金を起点として、「普通預金→MRF・MMFあるいはそれにかわる貯蓄商品→投資商品」という一気通貫の流れを顧客に提供することにより、証券業界に対して新しい戦いを仕掛けることができる。その時、銀行の証券子会社の位置づけもあらためて見直すことになるであろう。

23 銀行の富裕層戦略

流動性確保のニーズに応じて、あらゆる資金は、「決済―貯蓄―投資」の三つの商品領域を行き来する。マス層の資金は、大半が「決済―貯蓄」の間を行き来する。マス層以外は、流動性に加え、ストックの資金、すなわち金融資産と不動産などの資産の残高の多寡が運用ニーズを左右する。銀行は投信の窓販解禁以降、預り資産の多寡で顧客をセグメントし、それに応じて打ち手を考えてきた。しかしながら、そのとらえ方だけでは顧客の真の運用余力と運用ニーズは測りがたい。どのような運用商品に資金を充てることができるかは、顧客の流動性資金のニーズ、換言すれば、どの程度の期間、資金を流動化しなくてよいか（固定化できるか）によって決まってくる。したがって、普通預金という第一線の流動性資金とMRFや貯蓄預金のような第二線の流動性資金を提供することにより、すなわち「決済―貯蓄」の資金の仕組みを提供することにより、その先の固定化できる資金の多寡がみえてくる。

銀行において、マス層の次に顧客数が多いのは、所得が比較的多いながらも、事業家や土地持ちなどの資産家ではない層である。銀行の従来の預り資産別のセグメントでいえば、預り資産1000万以上から5000万円未満あるいは最大1億円未満の層（マス富裕層からアッパーマス層）が対応するであろう。預り資産5000万円を超えると、資産家層に該当するとみられるかもしれないが、土地や住宅を親から引き継いでいない限り、多くは住宅ローンという負債をマス層より多く抱えている層である。これらの層は、多めの負債を抱えている点、資産の運用においてもやはりいざというときの流動性の確保が重要な層である。これらの層を「フローリッチ層（あるいはキャッシュリッチ層）」と呼ぼう。

「フローリッチ層」というセグメントへの顧客戦略は、運用資金の提供の前に負債の有無、将来の負債を抱える見込み、負債の額を把握することが重要となる。大手の証券会社ではこれらの層は必ずしも収益貢献度が最も高いコアの層ではないが、ターゲットに入る層である。しかしながら、証券会社は顧客の負債状況を把握しにくい立場にある。もっぱら運用商品を提供しながら、固定化できる資金の額や固定化できる期間を類推し、後はどれだけ運用資産の入替えをしてくれるかが、手数料の多寡を決める。したがって、銀行は、この層について、むしろ自行、他行あわせて負債をどれだけ抱えているか、またそれをどの期間で返済する意向にあるかを把握することが、証券会社との差別化となる。この層でも、資産運用商品の提供は、マス層と同様、やはり負債コンサルティングから始まる。

銀行の現状は、自らの強みの負債コンサルティング機能を活用することなく、資産相談デスクが資産面だけのアプローチで運用商品の説明に腐心している。この層も、キャッシュフローの把握が第一であり、運用相談ではなく、やはりライフプランニングが第一義的な顧客接点である。そのうえで、資産運用商品は、まず資金を固定化できる期間と額によって絞り込まれる。投信以外に100万円単位で投資する3年、5年、7年などの満期の社債や仕組み債も有力な商品となる。また、年間の手数料を払って契約するファンドラップもこの層の顧客からが対象になる。

「フローリッチ層」のような数千万円単位の流動性資金の保有に対し、預金などの流動性資金が億円単位にのぼり、さらに資産価値の高い自社株や土地をまとまって保有する層を「ストックリッチ層」と呼ぼう。預り資産基準でいえば、1行において1億円以上の預りがある層（1億円以上の富裕層、10億円以上の超富裕層）が該当する。この層は、キャッシュフローや負債の有無、中身に加え、資産の中身、すなわちバランスシート全体の把握が不可欠となる。この層では「フローリッチ層」に比べ、資産の中身は、自社株、他社株、自宅の土地、その他の不動産、別荘など多様である。流動性の観点から資産の中身を形成していく「フローリッチ層」に対し、自社株や代々受け継いだ土地など、資産がすでに固定化されている部分も相対的に多い。したがって、資産保全・管理のニーズが強いため、税務対策が重要になる。また、事業家の場合、銀行借入れのための個人保証などオフバランスの偶発債務もオンバランスの資産流動性（資産の固定化）に影響を及ぼす点も考慮しなければならない。

事業家、土地持ち（資産家）などいずれの場合であっても、「ストックリッチ層」については、資産の固定化状況、負債の有無、その金額と期間、個人保証の有無など、バランスシート全体の構成を把握しなければならない。そのなかで、流動資金の額、流動化できる資産の額、偶発債務の状況などの把握が、運用可能な資金の額、期間、リスクを把握するうえで必須となる。そして、その詳細をどの程度把握できているかが、銀行にとって資産運用ビジネスの入り口となる。しかしながら、純粋な個人については、銀行はもとより証券会社でさえ、バランスシートの全容を把握するのはむずかしい。

「ストックリッチ層」についても、銀行は、やはり銀行業の根幹である負債側からのアプローチが差別化となる。負債のない高齢者を中心とした富裕層には、相続対策を中心に流動化できる資産の把握とその流動化方法が第一ステップとなる。とりわけまとまった不動産を保有している場合は、その流動化、あるいは相続対策としての保険加入のための流動性資金が、トータルな資産運用ビジネスの出発点となる。次に、事業家、特にファミリービジネスの場合は、相続税をもたらす根幹は、自社株の評価が高い場合である。この場合、そのファミリーの相続は、事業をだれに引き継ぐかという事業の継承の問題と切り離せない。残念ながら、この点において富裕層顧客に近い存在は、税理士や会計士（監査法人）であり、あるいは自社株の管理を手助けする証券会社である。とりわけ、銀行がそのファミリービジネスへ貸付があり、いわゆるメインバンクとなっている場合、ファミリーが個人資産やバランスシートの状況をすべて銀行に明かすのは抵抗がある。それが与信判断に及ぼす影響を無意識に考慮するからである。

古今東西、借入れしている相手に個人の資産や生活のすべてをさらけ出すのは抵抗がある。だからこそ、英でも米でも、銀行から独立したファイナンシャル・ブローカー（英）や独立ファイナンシャル・アドバイザー（IFA、米）がかなり古くから存在している。彼らは、貸出をする銀行や株式の公開引受をする証券会社いずれからも独立した立場で、いわば「顧客代理」として顧客から定期的に手数料をもらって資産の運用や管理のサービスを提供している。プライベートバンキングのなかでもスイスの伝統的なパートナーシップ型のプライベートバンクは、銀行ながら基本的に融資は行わず、やはり「顧客代理」の立場で同様のサービスを提供している点では、これらと共通している。

このように考えると、銀行は、バランスシートの把握が必要な富裕層についても、やはり負債サイドのコンサルティングから入っていくのが最良の手段である。いきなり資産の運用相談は特にファミリービジネスの事業者の場合抵抗がある。その銀行から借入れしている場合はなおさらである。負債サイド、すなわちライフプランニングから保険ニーズを把握する。そのなかで、相続や事業承継、資産規模・中身もみえてくる。大手の乗合代理店で優秀なライフプランナーは、保険のライフプランニングにあたって顧客の資産の状況、預金や投信の規模から、投信の銘柄、株式保有の額まで聞き出している。それによって入るべき保険の掛け金の規模感を探るためである。この場合、往々にして保険の掛け金も高額となるが、その富裕層顧客が最大でどの程度の掛け金の保険に入れるかという流動性資金の保有程度や資産流動化の容易さ、その度合いの把握が加入する保険を決めるうえでのポイントとなる。やはり、富裕層についても銀行の差別化できるアプローチは、負債コンサルティング（ライフプランニング）であり、顧客の流動性資金、流動化できる資産の把握である。

近年、証券子会社を保有する銀行がメガバンクのほか、地銀の一部にも広がった。銀行系の証券子会社は、しかし、既存の証券会社と同じ土俵で戦おうとしている。違いは株式の売買仲介をしていないことである。これでは、前述した富裕層顧客の実情からみて、銀行系証券会社が富裕層を証券会社から奪取するのはむずかしい。証券会社と同じフィールドで、しかも顧客との歴史、ビジネスの経験、陣容とも証券会社に劣るかたちで戦っても勝ち目はない。中堅や大手の証券会社を合併、買収したメガバンクはともかく、地銀では戦力面において地域に進出している大手の証券やメガバンクの証券子会社の顧客を奪取するのはむずかしい。

富裕層についても銀行が差別化できるアプローチは負債コンサルティング（ライフプランニング）と述べたが、もう一つ武器とすべき機能がある。それは信託機能である。事業オーナーの多い「ストックリッチ層」は事業の承継、ファミリーの財産の承継という二つのニーズをもつ。いずれも公の事業に対してファミリーという私的な関係が、事業と財産の承継者の決定にあたって争いの火種となる場合が多い。海外ではプライベートバンカーやファミリービジネスのコンサルタントが第三者として承継の方針をオーナーと決め、それを文書化することで争いを防ぐことが行われてきた。それは、遺言書の作成にとどまらず、生前からファミリーでの株式の配分のルールや株式譲渡の順位、それに関する取決め（譲渡制限など）、跡継ぎの順位など、事業とファミリーに関するガバナンス事項を取り決める作業である。これに対し、日本では、事業の承継はオーナーの一存、財産の承継は節税という観点のみからオーナーあるいはオーナーの資産管理会社とそれを担当する番頭が行うというのが一般的であった。このため、承継がトータルに準備されるというよりも、「財産の運用管理は証券会社と、税務は税理士と」といったかたちで個別に対応することが多い。

他方、2015年1月から相続税の課税対象が拡大されたことや、社会保障負担の高い子どもや孫への所得移転を促す政府の方針から、遺言信託はもとより、生前に財産を承継する信託が「フローリッチ層」などにも広がり始めている。そもそも海外では、銀行が承継の問題をトータルに扱う方法として金銭信託ならびに管理信託という信託機能が広く活用されてきた。とりわけ、「ストックリッチ層」といわれるオーナー層を顧客とする海外のプライベートバンクにおいては、信託勘定の提供が顧客との接点の主要なきっかけである。信託を抜きにしては顧客から付託され、「顧客のためだけ（プライベートバンクにおけるprivateの本来の意味）」に行動するプライベートバンクの機能の発揮も存在意義もない。

これからの銀行の戦略として、先に述べた「顧客代理戦略」と「最適化戦略」を徹底して追求することが必要と何度も述べた。世界的な競争がますます激しくなる金融ビジネスの世界において、今日もプライベートバンクという業界が独立して存在している意義は、まさにこの二つの戦略が、顧客の支持、しかも何世代、何百年にわたって顧客のファミリーからの支持を得ているからといえる。これは、今後「ストックリッチ層」を対象とする世界のプライベートバンクのみならず、あらゆる顧客層を対象とする銀行自体にも共通する拠り所、戦略となる。この二つの戦略によって顧客から支持を得、金融に関するサービスの提供を付託された銀行のみが生き残り、勝ち残ることができるといえる。

その意味で、富裕層に対して銀行が証券会社に対抗できる差別化の機能は、証券会社がもつこと以上にまず信託機能を十全に発揮することといっても過言ではない。信託に関して銀行は、これまで遺言信託や、贈与信託、投信などの金銭信託など、いずれも個別の信託商品をそれぞれ提供してきた。今後は、銀行は富裕層に対して預金口座に加え、相続や中長期の財産管理に係るお金については信託口座を提供することも銀行らしいサービスとして必須になる。さらに、日本においてはオーナーやその他資産家の財産の中心は自社株式や土地であることから、金銭に加え、相続の観点から株式や不動産の処分・管理に関する信託も銀行の富裕層戦略にとって今後必要な機能となる。加えて、不動産の管理についても、相続の際の処分も必要になってくることから、銀行が不動産の仲介にどこまで関与できるか否かも重要になる。これら不動産処分・管理信託や不動産仲介業務は、銀行界においては現状いわゆる信託銀行についてのみ認められている業務であり、これが広く普通銀行に認められるか否かは、銀行の富裕層戦略の今後に大きな影響を及ぼす。

これらの業務ニーズは、富裕層に限らず広く顧客サービスとして今後ますます高まってくる。その背景は相続の課税対象範囲が拡大しただけではない。特に人口流出が拡大している地方銀行にとっては、マス層の顧客に対してもこのサービスは顧客係留や資産運用ビジネス上重要な武器となる。働き先を求めて地方から大都市に移り住んだ子ども世代が、親の土地・建物を引き継がないケースが増えている。子どもが地元にとどまる場合でも、子ども世代は、郊外の庭付き一戸建ての家よりも、徒歩圏内で生活の必要が満たされる市内のマンションを好む傾向が強い。親の世代でも近年同様に住み替えるケースも増えている。市街地回帰の傾向は、コンパクトシティへのニーズはすでに高まっている。また、バブル期に建てられた市内のマンションについても、マンションの老朽化や耐震化対応などの大規模修繕のニーズから、子どもが親からマンションを引き継ぐことを敬遠するケースも今後さらに増加すると見込まれている。

いわゆる高度成長期に郊外の山林を切り開いてサラリーマンの夢を実現した郊外の庭付き一戸建ての町開発による都市のドーナツ現象は、今後逆向きの反ドーナツ現象となって、地方ほど進行する。いったんこの動きが始まると、東京の多摩ニュータウンや高島平団地にみられたように、街の風化や治安の悪化は加速し、都心回帰現象は加速化する。地方銀行にとっては、富裕層以前にこうしたマス層の住宅にかかわるニーズに応えられるかが、地方からの人口流出時代にあって、世代を超えて金融サービスを提供し続けられるか否かを決める。その意味で不動産の処分・管理信託や不動産仲介を担えるか否かは、地方銀行にとってリテール戦略上最大の課題ともいえる。逆に地方の営業店網が限られている信託銀行にとっては、今後全国レベルでのリテール戦略を考えるうえでの大きなポイントとなる。一部の信託銀行と地方銀行が共同でアセットマネジメント会社をつくる動きが出た。地方銀行の再編が今後さらに進むとみられるなかにあって、むしろ不動産に関する金融サービスが、これからの日本のリテール金融ビジネスの勢力図を塗り替えるといっても過言ではない。それは、今後のマスリテール金融サービスの大きな収益機会が、「資産の所有から利用」においてつくりだされるとみられるからである。

24 今後のマスリテール金融ビジネスの収益機会

以上、顧客代理戦略と最適化戦略を前提に顧客層ごとに核となる金融機能と課題を述べてきた。どの顧客層にとっても生涯にわたり抱える共通の課題は資金の流動性であり、その点銀行にとってコアとなる金融サービスは、ライフプランニングである。したがって、銀行にとっていずれの顧客層に対してもコアとなる接点は第一線流動性準備の普通預金口座である。この口座とそれに付帯するライフプランニングを共通サービスとして、いかに顧客のロイヤルティを形成、強化し、クロスセル、アップセルを生涯にわたり継続的に展開するかが鍵となる。その意味で銀行はいま一度ロイヤルティプログラムを再構築する必要がある。

次にマス層の一部とフローリッチ層を主なターゲットとして、中長期の貯蓄形成のコアとなる第二線流動性準備の資金口座が提供される。それは普通預金より好利回りの貯蓄預金口座やMRF・MMF口座となる。そして、流動性やキャッシュフローの把握に加え、個人やファミリーのバランスシートの把握も鍵となるストックリッチ層を主なターゲットに信託口座が提供される。将来の相続対象ともなりうる金融資産や自社株式などが預けられ、必要に応じてそこから投信などの資産運用商品を買い付ける。また、管理信託のサービスも付帯される。これら3種類の資金管理口座が今後銀行の提供すべき顧客接点の基本となる。

繰り返しになるが、いずれの顧客層に対しても金融サービスの提供は、「顧客代理」と「顧客にとっての金融の最適化」の二つの観点から提供されなければ、持続的な収益の獲得は見込めない。今日あらゆるリテールの分野がそうであるように、価格訴求だけで勝ち残ることはパイ縮小時代において不可能である。ターゲットにする顧客層それぞれにおいて顧客ロイヤルティが形成される戦略が不可欠である。どのような顧客層をターゲットにするとしても、あるいはどのような顧客ロイヤルティを目標として掲げるとしても、「顧客代理」と「最適化」を追求した企業がリテールの世界では今日そして将来にわたり勝ち残ることができる。

今後の日本のリテールを特徴づける現象を一つあげるとすれば、本書の最初に述べたように格差の拡大である。富裕層の数と資産は2000年代に入り拡大していると同時に、勤労世帯の平均所得は1990年代後半から下がり続け、2000年代入り後は生活保護世帯が急増し、家計の貯蓄率は2014年ついに統計上初めてマイナスとなった。証券会社や保険会社と異なり、マス層の個人顧客が圧倒的に多く、個人の資金決済を担う銀行にとって、今後リテールの最大の課題は、マス層個人のうち拡大する下流層に対しどのような提案をして、収益をあげていくかにある。下流層にどう向き合い、そのマネーライフを支援しつつ、銀行としていかに収益をあげていくかは、格差が社会問題化、政治問題化しやすい点からも銀行としてむずかしい課題である。かつて消費者金融業界において、債権回収目的で借入人を生命保険に加入させたとして社会問題化し、内外の生保がそうしたところへの所得保障保険等の提供を一斉に取りやめたことは、それを端的に物語っている。

誤解をおそれずにいえば、下流層のビジネス機会は、銀行が、一つ上の豊かさを金融手段、金融技術を使って提供、支援することに見出される。その手段、技術の根底となるコンセプトは、「資産の所有から利用」である。世界に例をみない分厚い中流層をつくりだした高度成長期は、マスの個人にとって人生の夢、目標は持家や自家用車に代表されるように「資産の所有」であった。とりわけ土地が上がることはあっても下がることはないという時代にあっては、「資産の所有」の象徴が土地の購入であり、庭付き一戸建ての住宅であった。また、それに次ぐ所有の象徴が車であった。そして、バブル期になるとゴルフ会員権が次の資産所有の象徴となった。このいずれの象徴もバブルの崩壊とともに崩れ始めた。土地と会員権は値下りし、車は売れなくなった。資産を所有することがリスクを伴うことだと明らかになった。

格差の時代は、先に述べたように変動の時代でもある。右肩上がりの成長から低成長かつ価値がアップアンドダウンと変動し、しかも先が読めない時代に移行した。先がみえない時代においては資産を所有するにあたってはマスの個人にとってダウンサイドへのリスクへの対応が不可欠となる。その際の損失をカバーできるあてがなければ、資産そのものをもつことへの意欲が減退する。若者が車を買わなくなったといわれることも、スマホゲームの登場など遊び方の変化とともに、先々の生活のリスクや不確実性を前提に暮らさなければならないという今日の若者の生き方に対する深層心理の変化も反映しているであろう。若者を中心に資産を所有することへの意欲の希薄化が日頃の消費そのものの減少になれば、事態は深刻である。家や車や会員権などの資産にはその利用に伴って関連消費を促すという効果も実に大きい。また、それはリテール金融にとっても大きな収益機会を逃すことになる。

マス層の個人が先々の所得の懸念から資産の所有を回避する時代において、金融には生活の豊かさを支援する機能が二つある。一つは資産を所有せずに利用することによって所有の金銭的なリスクを回避しつつ、豊かさを支援する金融機能である。たとえばリースという金融手段はこれを実現する古典的なサービスである。今日では一歩進めて特定の資産を複数の利用者でシェアするサービスも車やリゾート施設、住宅、ゴルフ会員権で登場している。また、リース資産やシェア資産を一定期間経て売却する流通市場やオークション市場も、この利用ビジネスの促進にとって重要となる。リースやシェア、レンタルのメリットは、個人の生活の変化にあわせて利用対象の資産をかえられる点にある。子どもの誕生にあわせて軽自動車からワンボックスカーにかえる。子どもの自立にあわせて小さな車で燃費がよいものにかえる。また、住む家そのものをかえる。転職、転地、失業、家族構成の変化、所得の減少等々さまざまな変化に対して利用する資産を柔軟に変えられることが個人にとっては魅力的になる。

銀行は、残念ながら規制によってこれらの資産を直接取り扱えない。しかし、多くの個人顧客を抱える銀行は、ライフプランニングを提供することにより、結婚、出産、子どもの入学・卒業・就職、転職、退職等々個人の生活の変化情報を最もタイムリーに把握できる立場に立てる。人間ドックを提供する病院と同様である。多くの製薬会社や医療機器メーカーが病院と連携しているように、銀行も個人の生きた生活情報の活用により生活関連産業の企業を惹きつけることができる。メガバンクも地方銀行もグループのさまざまな金融子会社、関連会社との連携を強化している。ホールセールにおいてさまざまな取引先を結びつけるマッチング、商談会の開催が流行っている。この発想はまさに個人に対しても当てはまる。

ただし、銀行が第一次接点として個人の生活情報を把握するライフプランニングがなければ、取引先の商品の単なる紹介に終わってしまう。しかもそもそも銀行には規制上の制約がある。銀行は、リース事業やシェア・レンタルなどの金融的な仕立てを主体的に生活関連企業と組み立てることが必要になる。リースやカード・信販、ベンチャーキャピタルなど銀行のグループ会社が銀行と連携して、その先頭に立ち「資産の利用・シェア」のビジネスを取引先などの生活関連産業と立ち上げることから始める必要がある。異業種の銀行はグループの生活関連事業体を使って今後ますますその分野を拡大し、それに絡めた金融サービスを銀行や関連ノンバンクなどで提供する方向に向かうであろう。これに対しグループに異業種をもたない銀行においては、ライフプランニングを核とした個人密着型のマスの顧客基盤を活かして、特定の生活関連産業にとらわれない幅広い異業種連携が差別化の鍵となる。

もう一つは、「資産の利用・シェア」に伴って拡大するキャッシュフローのリスク・管理に関する金融機能である。ここでもライフプランニングによって顧客のキャッシュフローの詳細を定期的に把握することが必須となる。いわば、資産を所有しないもたざる生活のウェイトが高まると個人のバランスシートは小さくなる一方、日常的なキャッシュフローの負担は拡大する。個人は所得などのキャッシュインの現在と将来を勘案し、利用するサービスを決め、キャッシュフローを管理する。これに対し銀行は、キャッシュインに関するリスクの備えとして収入保障や所得保障の保険や、より日常的な支払の一次的なリスクへの備えとして海外で普及している支払保障保険を提供する。また、利用に伴う支払負担を補うものとして消費者ローンの提供やリボルビングなどのカード決済の提供もある。住宅や会員権、車などの資産を所有する個人に対し、ライフプランニングの一環としてその売却やシェアのかたちによる他人への利用に切り替えるための仕組みの提供もある。それにより資産を利用する他の顧客をマッチングすることも、グループの事業会社と連携して行うことができる。いわば、リースやレンタルなどいろいろな利用形態につなげていく第一次的な町医者的な役割が銀行の役割として発揮され、そのなかでローンやカード決済や保障性保険など利用へのリスク対応手段を銀行が提供することになる。

ここまでの関係ができれば、銀行はいわばかかりつけの町医者、そしてグループ内およびグループ外に専門機能を有する総合病院を備えたマネードクターとして生涯にわたる個人との関係を構築することができる。逆にそこまでいかなければ、銀行は総合金融サービスの看板を掲げていても、単品販売による顧客関係（トランザクションバンキング）を超えて、ライフプランニングに基づく個人顧客とのリレーションシップバンキングを構築することはむずかしい。むしろ、生活関連事業をもつ異業種から参入した銀行が、ライフプランニングをグループの保険代理店と連携して提供し、顧客のマネーライフ全体を囲い込もうとするであろう。

第6章

人口減少下でも収益をあげるビジネスモデル

25 人口・預金減少下の銀行のバランスシート運営

銀行が普通預金口座、貯蓄預金あるいはＭＲＦ・ＭＭＦ口座、信託口座の三つの口座を人口減少と格差の時代の顧客ニーズに対応するかたちで提供すると、銀行のバランスシート運営も自ずと変わってくる。流動性を確保しつつ普通預金より好利回りが期待できるＭＲＦやＭＭＦを提供することにより、先に述べたようにオンバランスに計上される預金残高は減少する。普通預金にほぼ匹敵するほど定期預金の残高がある国は、世界の先進国でも日本くらいである。高度成長期に企業に設備資金を安定的に供給するパイプを一心に担った銀行の役割は、高度成長の終焉、資本市場の発展とともに変わるべきものである。普通預金と金利がほぼ変わらない状態で顧客の資金を固定化する定期預金を調達していることは、顧客の利益に反する。ＭＲＦ・ＭＭＦや一部富裕層向けの信託勘定に資金がシフトすることは、国内企業資金需要の構造的・相対的な減少や人口減少に伴う預金減少時代に見合うことであり、また顧客の利益にかなうことでもある。銀行においてはブローカーとしての従来の投信販売と異なり、第二線流動性準備のＭＲＦ・ＭＭＦや富裕層の運用の待機資金の受け皿としての信託勘定で現金を受け入れることにより、資金がオフバランス化しても顧客の資金が逃げる、あるいは顧客との取引関係が希薄になるわけではない。MRF・MMFも信託勘定もライフプランニングをベースとして提供されるものである。むしろ、顧客の生活状況や将来の生活プランに応じた資金管理の一環としてMRF・MMFや信託勘定が提供される。その意味で資金は表面的にオフバランス化するとはいえ、ライフプランニングを適正に提供していれば、顧客関係はより濃密化しているはずである。

この結果として、銀行の預金量は減少し、銀行が支払う預金保険のコストも下がる。オンバランスシートの規模は、従来に比べ顧客数が不変とすれば、縮小する。しかし、それは無理な余資運用の負担が自然体で減ることでもある。金融自由化時代にあって銀行固有の業務が預金提供であり、その運用が融資であるとすれば、預金の減少に伴って融資が減るのは自然なことである。他方、ゼロ金利化で進行した国債中心の証券投資を引き続き重要な収益源とするのであれば、それは本来的には銀行のファンド化にほかならない。バーゼル銀行監督委員会が国債にも自己資本の負担を求める方向とはいえ、元本保証の預金を従来信用リスクゼロとみなされてきた国債に運用するのであれば、適正なリスクをとるべき金融仲介機能は不全となる。銀行は自ら民業としての金融仲介機能を放棄することにほかならないのである。

リーマンショック、欧州金融危機以降、銀行の金融仲介機能の低下が著しい。それにかわって、ファンドや生損保さらに政府系のソブリンファンドが新たな資金供給源として台頭した。それはシャドーバンキングと今日呼ばれている。さらに最近では、中央銀行や公的金融機関の資金供給も拡大している。しかしながら、シャドーバンキングだけでは、これからの新興国をはじめとする成長のためのリスクマネーの供給を担えないとみられている。それどころか、投資家のプレッシャーを常に受けながらリターンの極大化を競うファンドは、元本保証の預金を運用する銀行に比べ、中長期的な産業資金供給源としてはきわめて不安定である。そのことは1990年代後半のアジア通貨危機においてタイや韓国から一気にファンドの資本が流出し（キャピタルフライト）、アジア各国が慌てて資本規制を導入したことが端的に物語っている。また、1990年代後半からさらに世界的な資本の移動が激しい今日、キャピタルフライトのリスクとその大きさは一段と高まっている。

本来一国の経済成長に伴って人々の生活水準の向上とともに流動性預金の量が増え、同時に企業の資金需要もあわせて増加し、預金が銀行によって融資として企業に供給される。その国の成長が鈍化し、高齢化と人口減少に向かえば、それまで蓄積した資産が取り崩される一方、新たな資金としての流動性預金の増加も鈍化していく。急速な高齢化で家計の貯蓄率がついにマイナスに転じ、特に、人口減少が著しい地方では預金残高が今後減少に向かうのは必然といえる。日本とは対照的に経済成長の新陳代謝が衰えたといわれる成熟国のなかで人口が増え続ける米国では、預金の増加とともに銀行の融資量も増加している（図表12）。しかしいまの日本が少なくとも足許直ちに人口増加に転ずる見込みがない状況においては、銀行界全体としてのバランスシートの縮小は、日本の経済の実態、日本という身体の新陳代謝の実態を反映しているのである。

もし銀行がバランスシートの縮小にもかかわらず高度成長期と同じように預金を調達してそれを国内融資に回し、あまった資金は国債を中心に運用するビジネスモデルを続けるならば、深刻な収益力の低下と衰退に直面することは間違いない。反対に流動性預金の取扱いを差別化としてライフプランニングをてこに、現在と未来のマネープラン（資金繰り、資金蓄積、資金管理）づくりのサービスを本格的に行えば、総合金融サービス提供の雄として、異業種から参入した銀行ではなく伝統的な銀行こそ金融界で勝ち残ることができる。保障性保険、融資、中長期の貯蓄手段の提供、金銭および金銭以外の資産の管理にかかわる信託機能をそれぞれ単品のプロダクトとして別々に提供するのではなく、ライフプランニングによって意味あるかたちでトータルに提供する。そうすることによってはじめて銀行は、顧客から中長期にわたってロイヤルティを獲得できる。その時、初めて一律的な価格競争の呪縛から解放され、ロイヤルティの高い顧客に対し、サービスに加えて価格でも報いるという、有意義な価格戦略（ターゲットプライシング）をとるこ

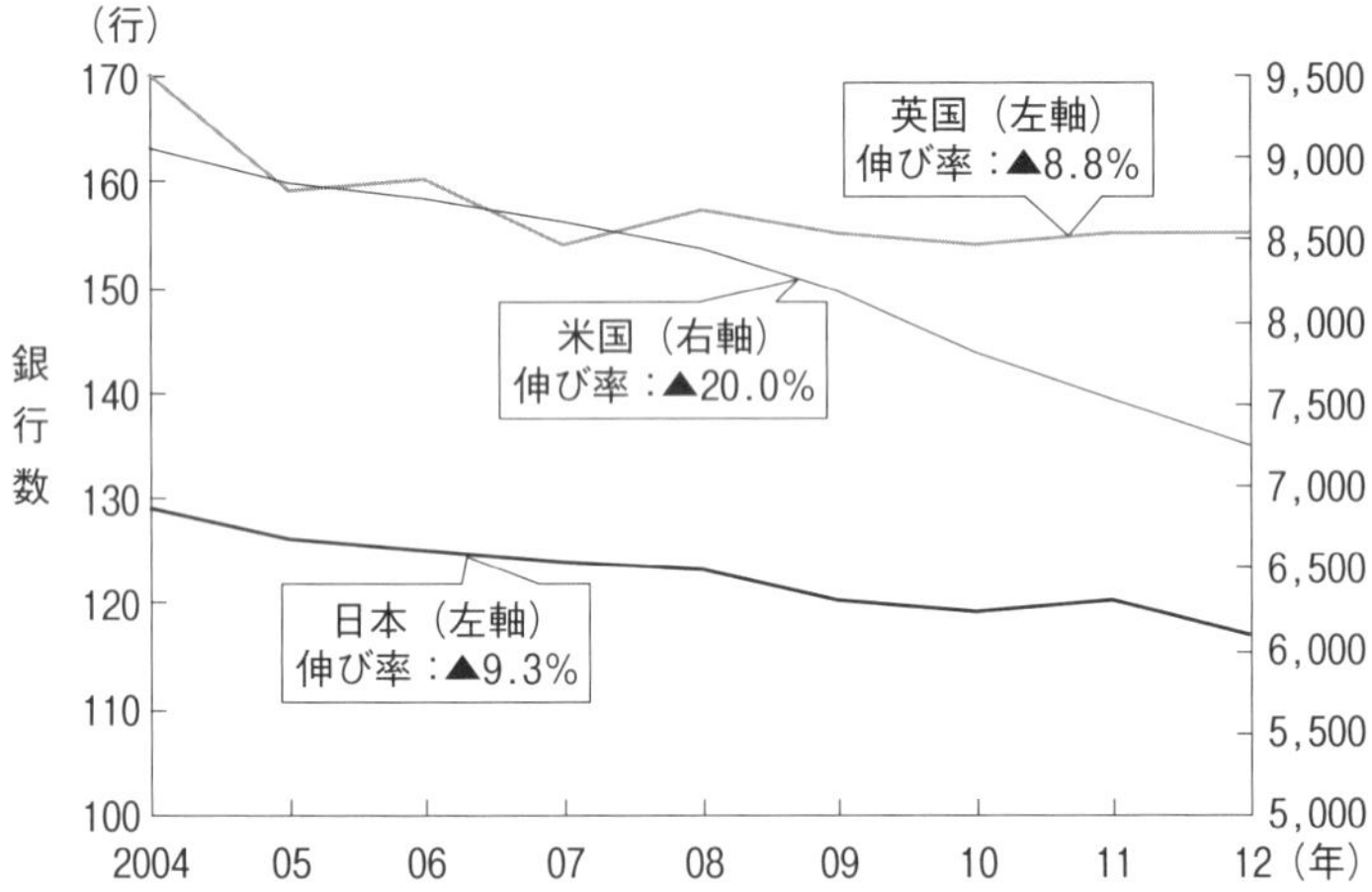

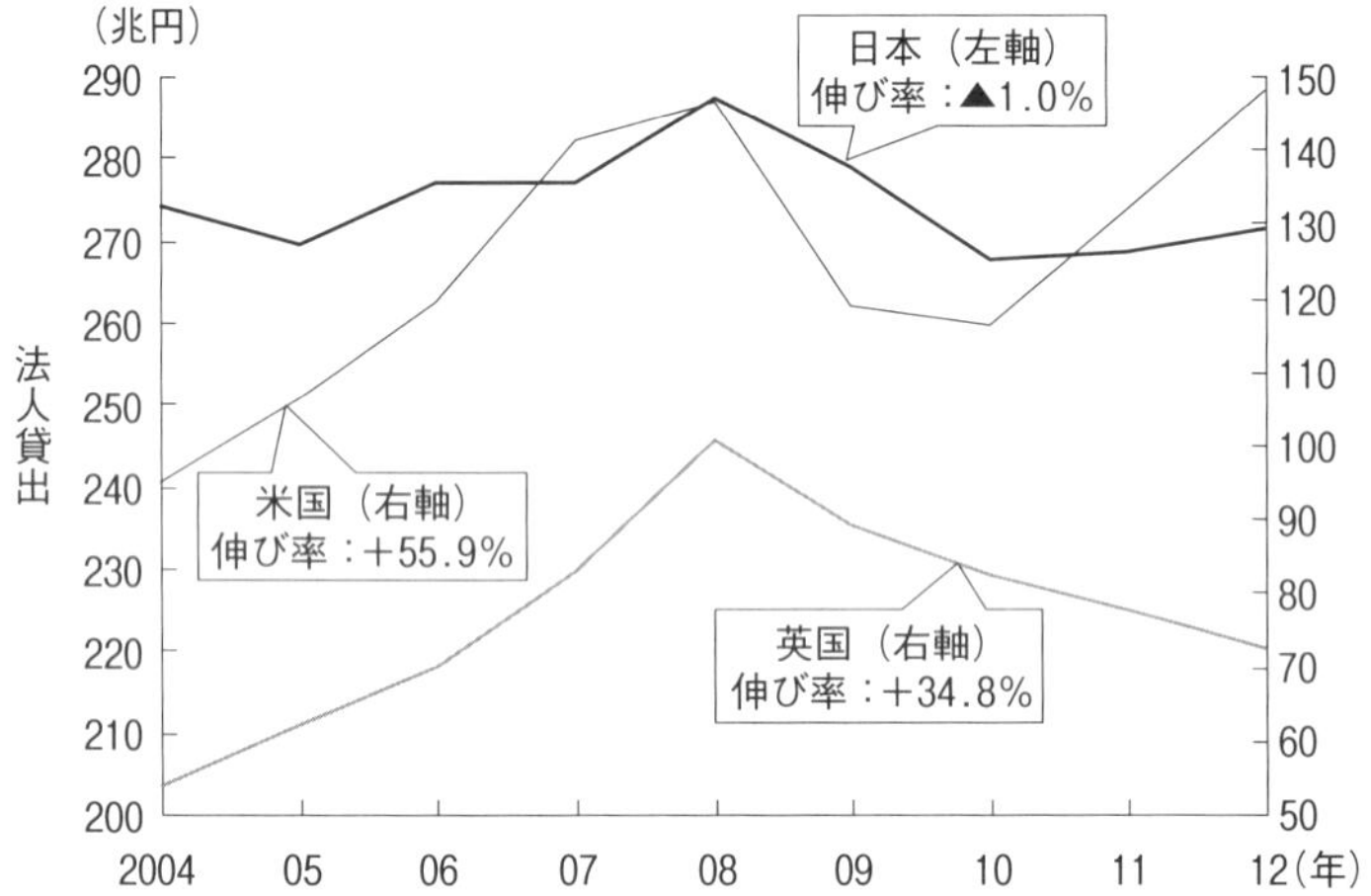

協会、英国：FSA、米国：FDIC、［預金残高］日本：全国銀行協会、英国：Bank of England、米国：FDIC

図表12　日・米・英の人口、預貸、行数の推移

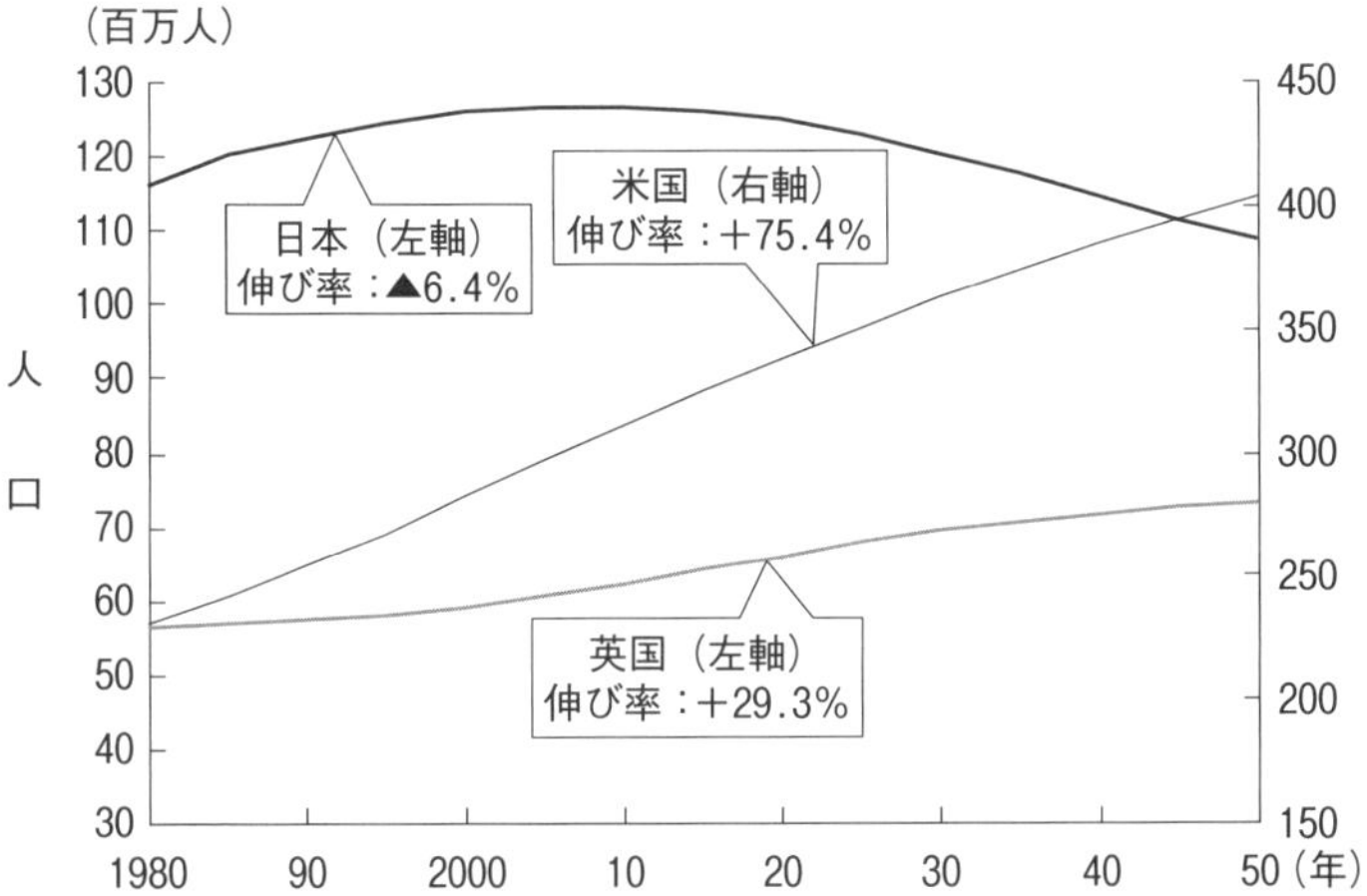

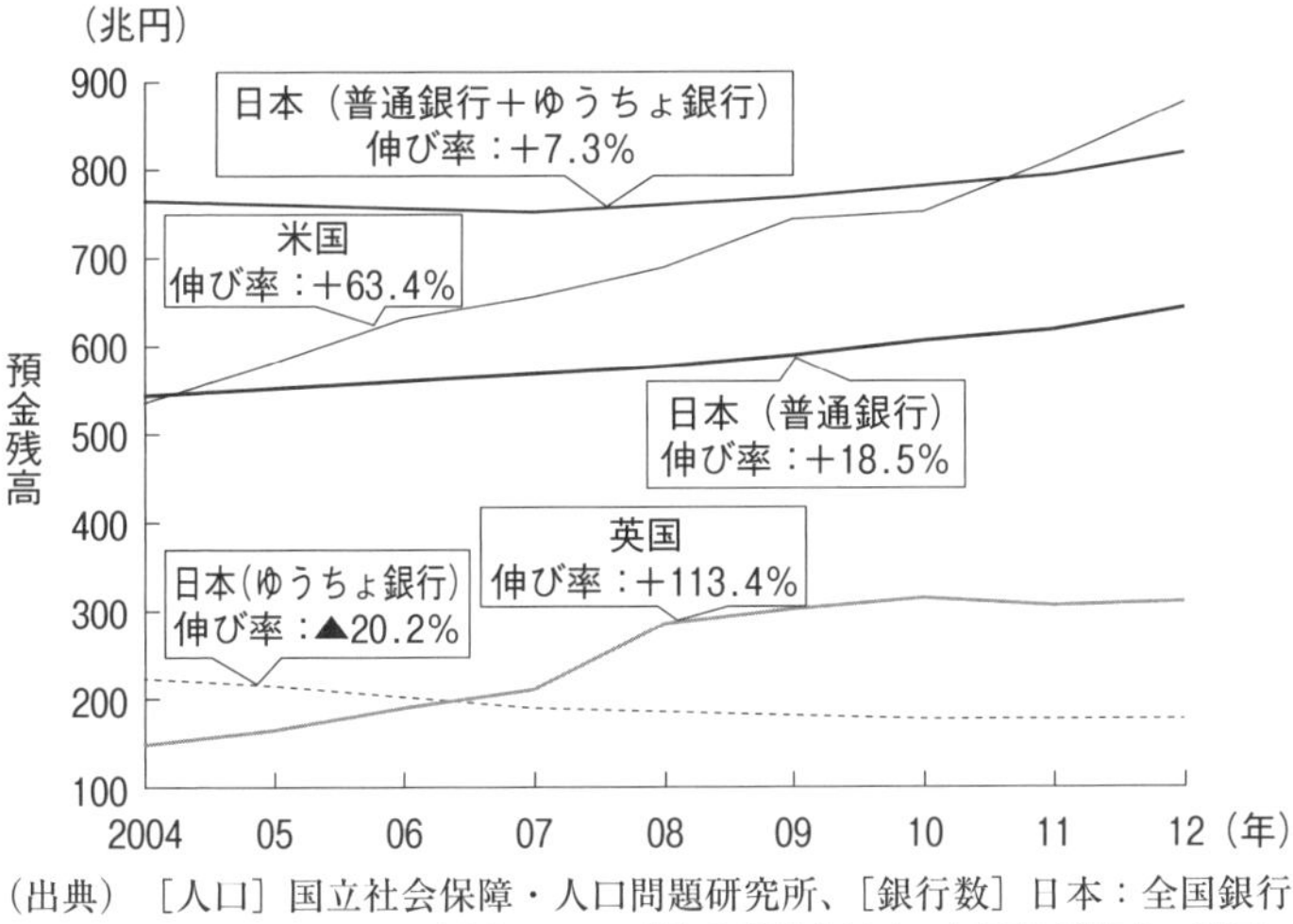

（出典）［人口］国立社会保障・人口問題研究所、［銀行数］日本：全国銀行
Bank of England、米国：FDIC、［法人貸出］日本：全国銀行協会、英国：

とが可能になる。

振り返ってみれば、このようなサービスの原型は戦後の高度成長期に向けて銀行が企業との取引において行ったことである。銀行は単に預金と融資の関係を超えて企業の資金繰りにトータルに深くかかわってきた。暗黙の融資保証はある意味企業にとっては支払保障保険を銀行から提供されているのと同じである。もっとも、バブル崩壊を機に銀行をつぶさないという政府当局の暗黙の保証がなくなるとともに、すべての企業を支えるような期待はもてなくなった。他方、グローバル化に向かう企業は、日本の銀行に比べ多通貨で多国での複雑な財務管理ニーズに応えられる欧米の銀行のサービス（トランザクションサービス）を受けるようになった。日本のメガバンクは、いまグローバルレベルでトランザクションサービスの強化を図っている。その世界では単に価格だけの戦略は通用しない。多様な決済のサービスをグローバルレベルで迅速に提供できるサービス力も不可欠である。

サービス力がなければ、価格力を発揮する余力も生まれない。価格もサービスのレベルにあわせて顧客が払う対価に応じて優遇される。それは、国内のリテールに当てはめれば、ライフプランニングを強化し、それをてこにロイヤルティ戦略に基づいてターゲットプライシングを行うこととと共通している。

リテールもホールセールもやるべきこと、とるべき戦略は根っこのところでは同じなのである。かつてリテール金融は企業金融と異なる、小売的なセンスがいるといわれたことがあった。伝統的な銀行は企業金融でこれまで培い、そして今日も求められる機能、モデルを武器にリテールでも異業種から参入した銀行と競争しなければならない。銀行の存在意義は流動性の預金提供である。規制緩和によって銀行は、融資に加えて保証、保障性保険や預金以外の流動性蓄積の手段を提供することができるようになった。いずれの金融商品提供においても、銀行は流動性の確保、コントロールという観点から顧客に応え、顧客の成長と豊かさの実現を金融面で後押しすることが、他の金融プレーヤーとの差別化の道である。その意味で銀行が強くなければ、その国の国内流動性にかかわるサービスの土台は安定性を欠く。異業種を含め金融のプレーヤーがどれほど多様化しても、預金以外の決済手段がどんなに拡大、多様化し、拡散しても、流動性預金という決済の最後の拠り所を提供する銀行が強くなければ、天災をはじめ決済を脅かす危機が起こったとき、国全体の対応力は脆弱となる。

26 人口・預金減少下の銀行の国内融資ビジネス

銀行が差別化すべきサービスの流動性の確保、コントロールは、リテールの個人だけでなく、今日リテールバンキングに分類される個人の事業者や小零細企業、中小企業にとっても大きな課題である。これらの事業者の最も中心的な資金ニーズは運転資金といわれる資金の借入ニーズである。運転資金の借入れは、売上げと仕入れに伴う資金取引が同時に行われるのであれば発生しない。販売によって入ってくる資金が仕入れによって支払う資金より後になると、資金繰りにズレ（ギャップ）が生まれ、そのギャップを埋めるための資金ニーズが発生する。特に一般的に中小事業者は信用力が相対的に低い。このため、仕入れは現金販売は売掛けになりやすく、このギャップが発生しやすい。加えて自己資金も少ない。したがって、このギャップを埋めるニーズ（ギャップファイナンス）は、開業資金に次ぐ金融上の最大のニーズである。中堅・大企業の設備資金借入需要が相対的に衰えても国内において経済活動が続く限り、このギャップは発生し続ける。しかも、中堅も含めて製造業が生産を海外移転する一方、いわゆる国内経済のサービス化に伴い小売やサービスなどを中心に国内では個人事業者や小零細企業数のシェアが相対的に増加している（図表13）。こうしたギャップファイナンスならびに開業資金の手当の問題が大きい事業者数の相対的なシェアの増加は、戦後における国内の企業金融ニーズの大きな転換といえる。

これに対し伝統的な銀行の企業渉外の世界では、まとまった、しかも長期の設備資金を貸し出すことが銀行マンの目標であり、一流の証とされてきた。現在においてもその意識は色濃く残っている。たしかに銀行は経常取引とよばれる運転資金の貸出も行っている。伝統的な商業手形の割引はその典型であった。現在ではなくなったが、日銀は高度成長期、銀行からの手形の買入れを金融市場の日常的な資金調節手段として使っていた。しかしながら、5年や10年に及ぶ設備資金はさまざまなリスクを伴う。世界的にみると、元本保証の預金を貸出の原資とする銀行がそう簡単に提供できる資金ではない。英国や米国では、そのような資金は社債の発行や増資など、いわゆる資本市場を活用して調達されるのが通常である。企業の資本市場調達を担っていたのは、マーチャントバンク（英）や投資銀行（米）といわれた日本の証券会社に近いプレーヤーであった。他方、海外において銀行の企業金融の中心は短期の運転資金の貸出であった。これに対し、日本では、銀行にその役割が期待され、財務制限条項などによって日本の企業の資本市場の活用は制限された。銀行は中長期の設備資金を土地などの担保をとって貸し続けた。右肩上がりの企業成長が続き、地価も上がり続けるなか、銀行への厳しい規制と引き換えに政府・金融当局が銀

図表13　事業所数と個人事業主の推移

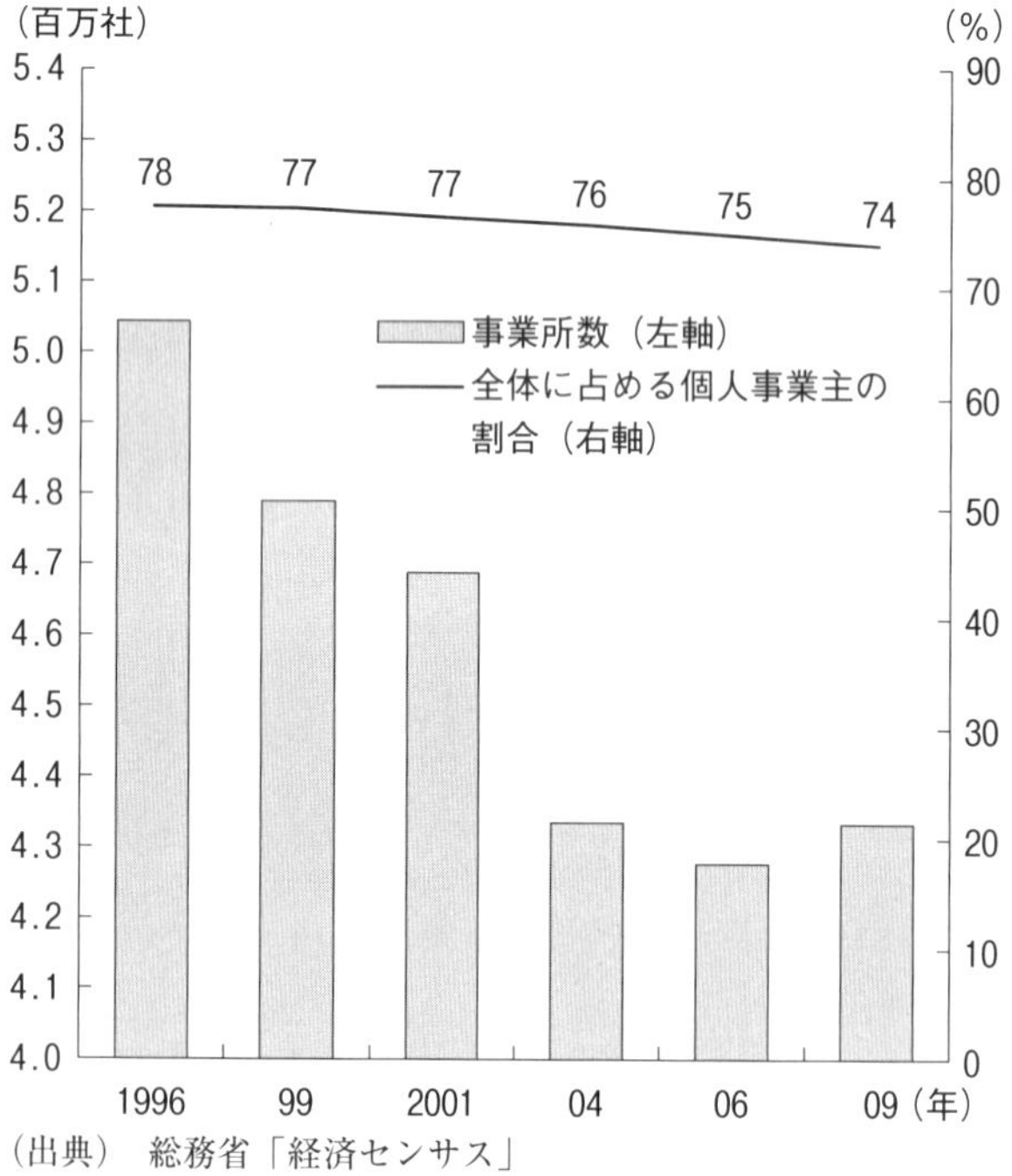

（出典）　総務省「経済センサス」

行を破綻させない方針をとり続ける限り、この仕組みは機能した。しかしながら、バブルの崩壊とともにそれを支えた条件はすべて崩れてしまった。

国内の産業構造の転換とそれに伴う事業者の変化は、日本の銀行融資の役割、機能の原点をあらためて問うものと受け止めるべきである。個人事業者や小零細企業、中小企業について、その事業体としての相対的な脆弱性や1事業者当りの資金ニーズの額の小ささゆえに従来銀行は目を向けてこなかった。これら事業者は、自己資金の範囲で事業をやりくりするか、信金・信組のほか中小のノンバンクや消費者金融からの資金に依存してきた。大ヒットした半沢直樹のドラマで、主人公がこれといった担保ももたない女性のためにネイルサロンの開業資金の融資決裁を一晩で取り付け、融資承諾書を渡すシーンがある。これは、まさにドラマのなかでしか起こりえない。また、売掛けに伴う売上資金回収の先送りはこれら小規模事業者の資金繰りの逼迫要因となる。これら事業者の売掛債権の額は、個々の事業者当りは少なくても事業者全体としては相当の金額にのぼる（図表14）。このように、個人開業しやすいネイルサロンやエステ、飲食、ネットも含めた物販など、今日国内で起業数の最も多いこれら小規模事業者の分野は、銀行が手を出さない分野であった。

もっとも、銀行もかつて2000年代の初めにスモールビジネスローンと称してこの分野の融

図表14　企業規模別の企業間信用

（兆円）

資本金規模	社　数	売掛金（シェア）	買掛金（シェア）
10億円以上	5,205	88.4（47%）	64.4（47%）
10億円未満	26,059	33.1（17%）	26.0（19%）
1億円未満	60,216	18.7（10%）	13.6（10%）
5,000万円未満	967,016	38.0（20%）	24.8（18%）
1,000万円未満	1,681,314	11.2（6%）	7.1（5%）

（出典）財務省「法人企業統計」

資に取り組んだことがある。メガバンク、大手行、地銀が押し並べて手を染めたが、多くは失敗に終わった。筆者はこの分野の専業のノンバンクの手法をある地銀に紹介し、それがきっかけで地銀業界全体に広がったが、その取組み方は残念ながら、筆者が意図したものと似て非なるものであった。銀行は、この分野の融資は無担保で融資金額は500万円前後が中心と上限があることから、通常の渉外担当による審査プロセスと切り離した簡易審査によって採算確保を図った。具体的には、電話による申込み、来店不要の書類郵送審査、スコアリングモデルによる融資承諾判断など、極力人手を省こうとする審査である。この融資を受ける事業者にとって最も問題となっているのは、売掛けと買掛けのギャップ、販売と仕入れにかかわる資金の受払いのギャップに伴う日々の資金繰り負担である。これらの事業者は担保として提供できるものはきわめて限られている。だからこそ、無担保のスモールビジネスローンを申し込む。銀行においては、入り口の与信判断をスコアリングによって行っても、以降の日々の資金繰り状況の把握が重要となる。もちろん、毎日それを銀行マンが確認するのはコストがかかるが、最低月に1回の頻度で途上の管理をすることがこのローンビジネスの要諦である。

ここでいうスコアリングとは、入り口の融資判断に必要な要素の数が少なく、月商や従業員数、担保の有無など一定の条件を判断材料としてモデル化できる、すなわち簡易審査が可能という意味である。したがって、あくまで審査の簡便化をもたらす手段であり、これで審査が完結するわけではない。むしろ銀行員は初期与信ではなく、途上管理に振り向けることにこのローンの眼目がある。そうであるならば、当時この分野の専業のノンバンクに比べ人件費が相当高い銀行員が途上管理を担うのはそもそも割があわないビジネスモデルであった。このビジネスを手がけるには、人件費や固定費をいまの銀行の半分以下で行い、初期与信審査のスコアリングと人手による途上管理、店舗に頼らない広告宣伝主体の営業手法を適切に組み合わせることが成功の条件となる。また、この分野のローン金額は1件当り通常200万円以下である。それ以上になれば設備資金にかかわるニーズもそのなかに入り込んでくる可能性があり、なんらかの貸出担保を徴求する必要が出てくる。そもそも当時これに取り組んだ銀行にとっては、1件150万円や170万円といった金額はあまりに小さすぎて割があわなかった。しかし、この金額くらいの資金需要だからこそ、途上管理でチェックすべきポイントは限られた小規模で零細の事業者であり、途上把握がしやすい顧客なのである。そもそも当時の銀行はスモールビジネスローンへの取組みが当初からずれていたのである。まだまだ銀行が設定していた敷居、期待値は高すぎたのである（図表15）。

ギャップファイナンスには、このようにどのような取引から発生したギャップかを具体的に特定しないまま貸し出す、すなわちさまざまなギャップの尻を貸し出すという従来のスモールビジネスローンといわれた取引以外の与信取引もある。古典的には企業が発行する手形はその一種である。これは取引の相手方と支払方があらかじめ特定されている点で、従来のスモールビジネスローンと異なる。近年この分野に該当する注目すべき分野がある。それはクレジットカードの利用に伴って加盟店に発生するギャップである。現金決済が中心であった日本も、近年消費支出に占めるクレジットカード決済の割合が10%を超えた。20%を超える英国や米国に比べればまだ少ないが、消費税増税のなかでのクレジットカードのポイントメリットの相対的な訴求力アップ、富裕層の増加に伴う利用の拡大、カード利用の強い外国人渡航者の増加による加盟店の増加とカード利用の増加など、今後もその利用が伸びていく要因は多い。

また、決済の高度化は2020年の東京オリンピックを控え、政府の成長戦略の一つともなっている。ネイルサロンやエステ、飲食店、夜営業の料飲店、ネットショップを営業している個人事業者や小零細企業、中小企業もその多くは今日クレジットカードを取り扱っている。とりわけリアルでの現金決済ができないネットショップはカードの取扱いが一般化している。これらの加盟店の多くはその信用力の相対的低さや取扱金額の少なさから、大手のカード会社の加盟店になることができない。そこで、決済代行業者が大手カード会社の包括加盟店となることによって、

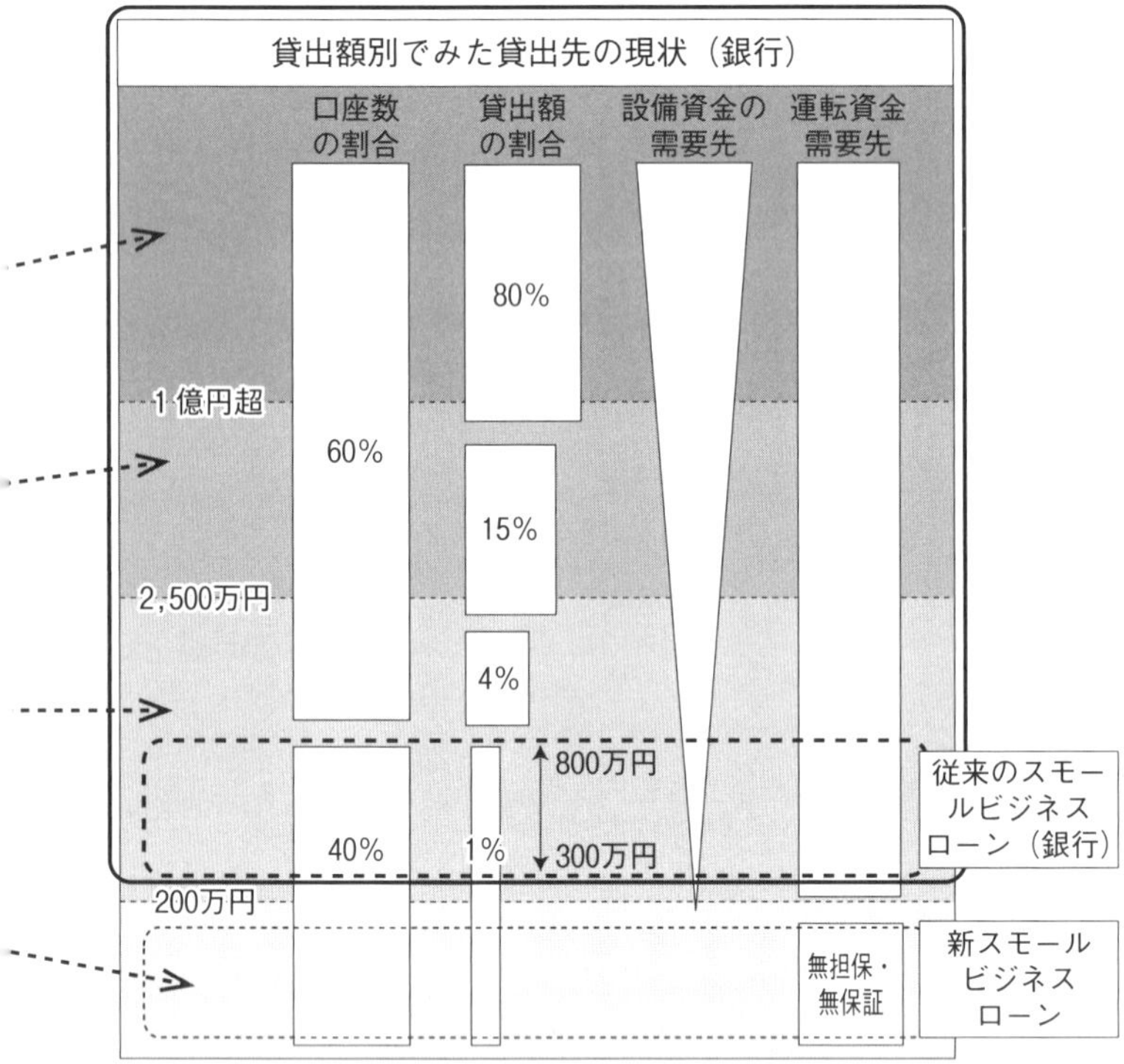
貸出額別でみた貸出先の現状（銀行）
口座数の割合
貸出額の割合
設備資金の需要先
運転資金需要先
80%
1 億円超
60%
15%
2,500万円
4%
800万円
40%
1%
300万円
200万円
従来のスモールビジネスローン（銀行）
無担保・無保証
新スモールビジネスローン

図表15　法人融資の類型とギャップファイナンス

[法人向け融資]

銀行				
顧客	主な提供商品		チャネル	従来の基本的な審査方法
	預・貸・決済	資本市場		
第Ⅰ群 大手法人	○	○	法人本部（訪問）	人的判断
第Ⅱ群 中堅法人	○	△	営業店（訪問）	人的判断
第Ⅲ群 中小法人	○	―	集中センター（テレセールスプラスα）	自動審査（人的な途上管理が重要）
小規模事業者（個人事業主 小零細企業）	○	―	別会社または提携	自動審査（人的な途上管理が重要）

これらの事業者のカードの取扱いを可能にしている。もちろん、決済代行業者も独自に審査を行い、それに通らなければ、カードの取扱いはできない。

これら事業者が顧客から大手クレジットカード会社のカード決済を受け付ければ、事業者は大手カード会社への売掛金が発生する。翌月一括払いのカード決済の売掛金はカード決済の平均15日から20日前後に決済代行業者経由で加盟店の銀行口座に振り込まれる。具体的にはまず大手カード会社から決済代行業者に振り込まれ、決済代行業者が加盟店の銀行口座に振り込む。一部の決済代行業者は資金の早期振込みを望む加盟店に対してカード決済の翌日に資金を振り込んでいる。そのために加盟店は15日から20日前後のサイクルでの支払のつど0・5％の手数料を加盟店手数料に上乗せして払っている。この早期払いの手数料は年利に直せば、およそ10％近くになる。銀行がかつて熱心に取り組んだスモールビジネスローンの金利も年利10～15％と二桁であり、およそこのような無担保のギャップファイナンスの金利あるいは手数料は通常10％台にのぼる。新スモールビジネスローンと呼んでもよい。このタイプのギャップファイナンスは、取引自体は確定していることから、売掛けと買掛けの当事者が明確であり、資金の支払手がはっきりしている。銀行が新規に取り組んだ、資金の支払手がはっきりしないスモールビジネスローンに比べ、与信リスクは把握しやすい。決済代行業者の多くはこれらの加盟店と同様、資本力の弱い小規模事業者が多く、ギャップファイナンスのニーズに対し早期払いを行う資金余力が乏しい。銀行はその決済代行業者を活用してこれら加盟店に早期払いを行うことは十分できる。

伝統的銀行を尻目に、子銀行を有する楽天や銀行をもたないアマゾンなどの異業種がこのようなギャップファイナンスに取り組み始めている。これらネットモール運営事業者は出店者の売上動向、クレジットカードの利用額、利用率、決済手段のタイプなどの決済フローを取引のつど把握することができる。また、これらの動向把握を通じて出店者の業績も推計することができる。銀行に比べれば、遥かに日常的に出店者の売上げに伴う資金フローや業績を把握できる立場にある。いわゆるEコマースを通じた商流の把握をギャップファイナンスの金流ビジネスに活用している。ネットモールのほか、レストランを開業する個人事業者に厨房機器をリースする業者のなかには、そのレストランがカード加盟店になるための決済代行サービスを提供するほか、これからレストランを開業したい個人事業者に店舗物件の紹介や仲介も行っているところもある。これも商流をベースに金流のビジネスも手がける例である。ネットであろうとリアルであろうと商流ビジネスを展開する企業がグループにクレジットカード事業やノンバンク、リースはもとより、銀行ももつ場合、資金力は強く、このタイプのギャップファイナンスを今後さらに拡大させる可能性、余力は高い。

これに対し商流ビジネスを手がけられない伝統的銀行は、資金力はあっても商流を通じたギャップファイナンスのニーズを的確かつタイムリーに把握するという点において劣後している。伝統的銀行がこの分野のファイナンスを今後手がけるうえでは、銀行がもつ決済機能・手段を活用して、ギャップを把握できるかを考える必要がある。銀行は、メガバンクも地方銀行もグループにクレジットカード子会社をもつ。しかしながら、これらの子会社がギャップファイナンスのニーズのある個人事業主をはじめとする小規模事業者をあまねく加盟店にしているかといえば、ノーである。信用力において銀行系カード子会社や独立系大手カード会社の加盟店になれない事業者が多数存在する。そのような事業者は他方、楽天をはじめとするネットショッピングモールに出店する、あるいは自らネットショップを立ち上げている先も多い。モール運営者からみれば、クレジットカードや代引きの決済動向を売上げとともに日々把握し、出店者のネット販売の業況をつぶさにとらえられる。他方、事業者が銀行に開いている普通預金口座や当座預金口座ではこうした動きをとらえることはまずむずかしい。

これまでの中堅・中小および大企業の運転資金ファイナンス、いわゆる経常取引に加え、今後銀行が小規模事業者のギャップファイナンスを手がけるうえでは、やはりカードの決済代行業者を活用することがその道を開くことにつながる。小規模加盟店をめぐっては、顧客とのトラブル

において カード会社のみならず決済代行業者も管理責任を問われる。また、銀行はもとより決済代行業者においても厳格な反社チェックが今後ますます問われる。このような点を考えれば、自身も小規模事業者が多いカードの決済代行業者は今後整理淘汰が進むとみられる。世の中に小売、サービス業をはじめとして小規模事業者がなくならないばかりか、国内においては相対的にその割合は増える傾向にある。こうしたなか、個人に対しても事業者に対しても、唯一預金を通じてマス層の最終的な決済機能を提供する銀行は、この決済代行機能を自らのなかに今後取り込み、小規模事業者のギャップファイナンスを手がける使命があるといっても過言ではない。そうでなければ、異業種の銀行はこの分野のギャップファイナンスを今後いっそう拡大させるであろう。

個人事業主等小規模事業者は、信用力からみて一般に販売の対価の受取りは売掛けになる一方で、仕入れの決済は現金決済になりやすい。資金の受取りでは、売掛けの早期払いやファクタリングによるギャップファイナンスのニーズがある一方、資金の支払面では逆に繰延べのニーズがある（図表16）。この場合、たとえばコピー機や電話機などオフィス機器の現金での購入に対して逆に与信の提供者がそれを買い取ったうえで、機器を利用できるようにすることも金融という観点ではギャップファイナンスである。この場合、金融サービスとしてはリースやレンタルと

図表16　小規模事業者に対する既存金融プレイヤーの金融ビジネス機会

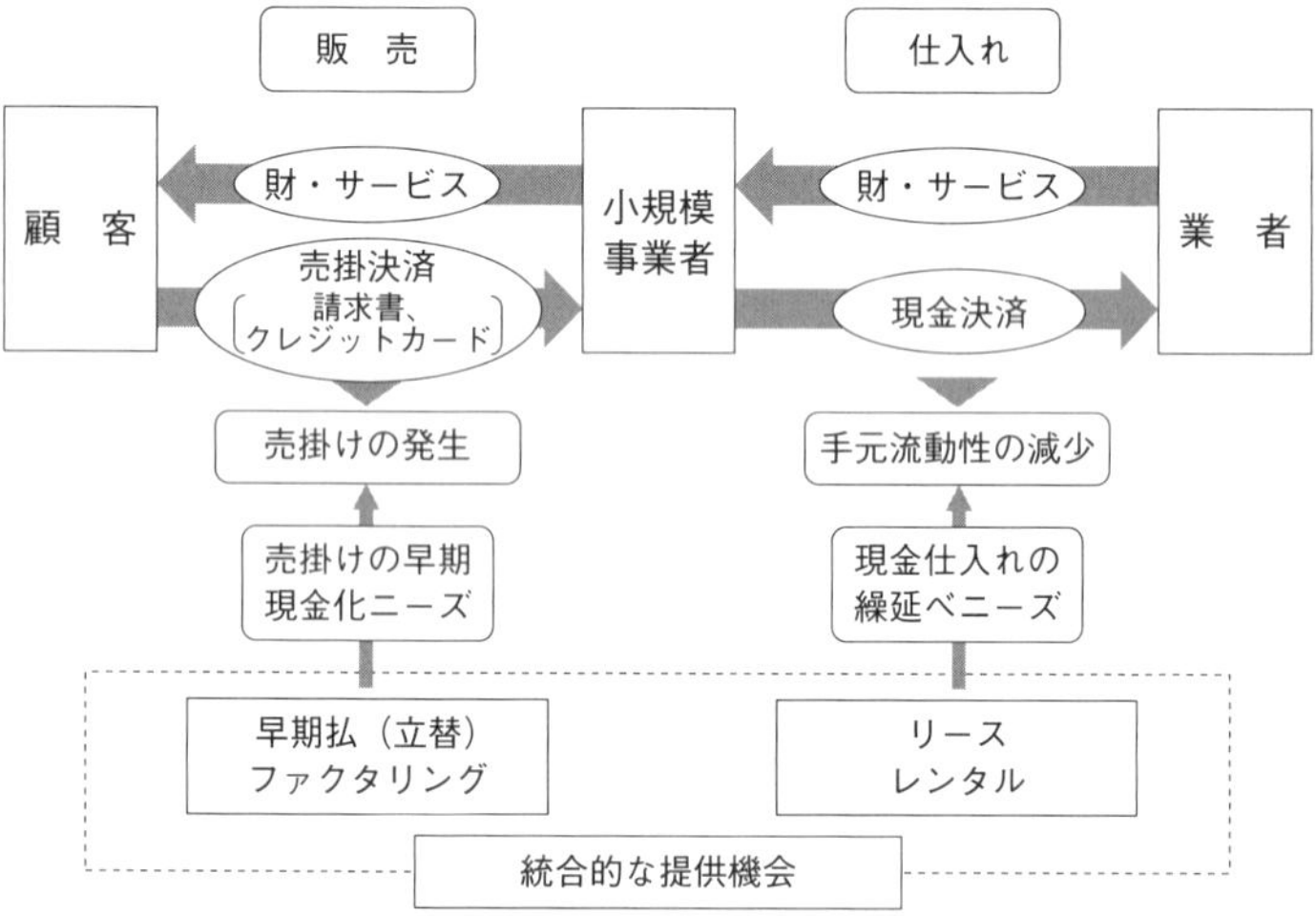

いったかたちでの手数料の受取りによって、資金の支払を繰り延べるサービスとなる。格差時代の個人のライフプランニングで述べたのと同様、これもまた資産として所有するのではなく、それを利用することによって、手数料（かたちを変えた金利とみることもできる）としてそれが提供するサービスを享受する仕組みである。小規模事業者向けの金融においても「所有から利用」あるいは「資産をもたなくても、豊かな生活を」というコンセプトに基づくビジネス機会が広がっている。

このようにみると、信用力という点において日常的な資金の受取り・支払にさまざまなかたちのギャップが発生し、それがさまざまな金融商品の提供機会をもたらすことがリテール金融の本質である。また、それだからこそ、今日世界的に小規模事業者が個人と同様のリテール金融分野として扱われているといえる。

27 メガバンクの世界二極経営本部体制への移行

他方、ホールセールバンキングの範疇に入る日本の大企業への資金需要は、日本の人口が減り続ける限り、相対的に国内よりも海外において拡大するであろう。円高、円安にかかわらず、需要の拡大するところでその国のニーズにあったものを生産し、それをニーズにあったかたちで販売し、アフターサービスをしていくことを、現地の国自体が雇用や産業振興の面からもますます求めている。また、現地の経済発展に伴ってアジアをはじめ、その地域内での交易が活発化しており、この点からも生産・販売の現地化は今後さらに拍車がかかる見通しにある。したがって、メガバンクをはじめとする銀行においては、大企業の融資ビジネスの成長は、海外における資金提供能力が今後鍵を握っている。また、現地化した日本の企業が現地企業との取引を拡大することは、銀行にとって現地企業取引との足がかりとなり、いわゆるサプライチェーン・ファイナンスの機会が拡大する。その意味でも資金提供能力の拡大が鍵となる。その資金はドル、ユーロなどの国際通貨はもとよりその国の現地通貨にまでさらに広がっていく。

１９６０年代後半から１９７０年代を通じた高度成長期においては、銀行は企業の輸出拡大に対し、貿易金融面で応えた。１９８０年代後半からのプラザ合意をきっかけにした円高を受け、自動車等の輸出企業による現地生産が始まると、銀行もそこに近いところに支店を設置し、現地での決済、資金ニーズに応えていった。このような動きは、１９８０年代半ばの日米円ドル委員会で提唱された「円の国際化」という言葉に象徴されたように、日本の企業、銀行の国際化と表現できる。

これに対し、２０００年代に入ってからのアジア等新興地域の経済発展と国内の低成長化・需要減退への日本企業の対応は、円の国際化に伴う為替変動拡大への対応だけではなく、現地の成長を取り込むための現地生産である。その意味でこれは日本企業の現地化と呼ぶのが妥当である。この現地化が進み始めてから、いつしか国内では、「国際化」という言葉が「グローバル化」という言葉に置き換わっていった。それは企業の多国籍化でもあり、企業が単に海外進出という意味での国際化ではなく、現地化、土着化することによって真にグローバル化という言葉を使うことがふさわしい状況になってきたという意味である。かたや欧米の大手企業は、中世の大航海時代から植民地化に乗り出しており、その頃から欧米諸国の海外進出は現地化であった。それゆえ欧米では、従来から海外進出する企業をまさに多国籍企業あるいはグローバル企業と呼んできた。それは、時代によって進出、撤退の繰り返しはあるものの、欧米の銀行もしかりである。

日本の銀行、特にメガバンクは、2000年代以降、国際化からグローバル化の過渡期に入ったといえる。そして、2010年以降はトランザクションバンキングの部門設置、強化やアジアの現地銀行への出資、買収にみられるように、その傾向は加速し、グローバル化の進め方がいよいよ問われる段階に入ってきた。皮肉にもそれと軌を一にして、バーゼル銀行監督委員会主導の銀行規制もグローバル化が急進展した。他方、新興国も含め各国は自国の国民の資金防衛などの思惑から独自に規制・監視を強めている。かつて欧米の一部の銀行がいち早くグローバル化に入った時代に比べれば、日本の銀行は、国際規制と各国規制が錯綜する、遥かに複雑な時代でのグローバル化に直面している。

しかしながら、国際規制、現地規制の態様が今後いかなるものになっても、日本企業のグローバル化が現地取引の拡大と濃化をもたらす限り、日本の銀行に求められるのは、現地の銀行としてのビジネスの展開である。その意味でグローバル化を志す日本のメガバンクは、その旗を降ろさない限り、トヨタの現地化に象徴されるように、真に土着化していくことが必要になる。銀行にとっての土着化とは、現地において潤沢な現地通貨の調達・供給能力をもつことである。それはリテールバンキング基盤を構築することである。その意味でメガバンクが近年アジア等の現地銀行の買収に乗り出すのは必然的な流れである。

日本大企業の現地生産・現地販売、いわゆる地産地消ともいえる動きに伴って銀行も現地化、土着化を進める。しかし、その一方で、拡大し続ける国際貿易と国際資本取引において、基軸通貨となっているのは依然として米国ドルである。いくら人民元の国際化が進んでも、日本の多国籍企業の最大の外貨ニーズは依然として米国ドルである。日本のメガバンクは、現地化とグローバル化の同時進行に対して、海外支店運営から現地銀行化へ踏み出すとともに米国ドルの調達・供給力を拡大することが引き続き今後のグローバル展開の鍵となる。

その米国では、リーマンショック以降、ホールセール業務とリテール業務を分離するいわゆるリングフェンス（ring fence）の考えに基づき、政府、金融当局が自国の金融資産防衛を第一として規制を強化する傾向が色濃くなった。その行き着く先は、米国でのドル調達資金（地産）を米国の銀行として活用する（地消）ことを求めるものである。地消には、米国の企業に与信することはもとより、日本の多国籍企業のドル資金調達ニーズについても、米国で調達したドル資金を本国送金して貸し出すのではなく、日本の銀行の米国の拠点が直接貸し出すことも含まれる。それは日本のメガバンクが日本の本部の意向のもと、米国の支店において提供するのではなく、米国の銀行として自らの与信判断において提供することを求められることになる。米国の金融当局が、米国で一定以上の資産規模を有する外銀に対して米国での金融持ち株会社の設立を求めているのもそうした考えに沿うものである。銀行界における地産地消とは、外銀が現地の銀行として活動する、すなわち支店ではなく、その国の企業（現地法人）として活動することに等しい。

メガバンクにとって、アジア等の新興国はこれからも成長が期待される市場である。他方、期待できる収益の大きさでいえば、米国は世界で最大の巨大な国内市場である。また、その市場は人口が増加し続け、貸出、預金残高も増え続けている。現在も先進国のなかでの最大の成長市場であることに変わりはない。国内市場の飽和・頭打ちから海外進出が加速してきている日本の大手生・損保による海外での最大の買収がやはり米国の生保であると同様、メガバンクにとっても現地化の最大のターゲットはやはり米国である。

収益期待と金融当局・政府の方針両面から日本のメガバンクは、米国での現地化、土着化が問われることになる。好むと好まざるとにかかわらず、米国での金融持ち株会社の設立は、いずれ必要な土着化の一つのかたちである。重要なことは、持ち株会社設立による銀行現地法人化か、あるいは支店のままかではなく、日本多国籍企業のドル調達ニーズに米国内にドル調達基盤を確立して対応するのであれば、それに関する与信判断や営業を米国現地の拠点が担う必要があるかどうかということである。その先には日本の銀行本部に近い本部機能を米国の拠点、銀行現地法人あるいは金融持ち株会社がもつようになるという局面が待っている。米国のメガバンクは、ここまでの機能を海外拠点においてもたせているところはない。これは、ドルという圧倒的な国際流動性をもち、政治的軍事的にも国際基軸通貨としての役割を今日ももち、一国としてはきわめて巨大な市場を抱えている国の存在による国際的な立ち位置の非対称性によるものである。

米国が、今後人口減に転換し、構造的な需要衰退を迎える、あるいは国際政治、軍事におけるコミットメントを大きく転換しない限り、この構図は今後も継続する。したがって、日本のメガバンクにとって日本の多国籍企業や海外の企業に対し潤沢な米国ドルの供給能力を有し、かつ巨大な米国市場の収益に今後も期待を置く限り、米国での銀行ビジネスの土着化をアジア進出と同様にいまから強力に推し進める必要がある。それは日本のメガバンクがグローバル化の方針を転換しない限り、取り組まなければならない命題である。もはや中途半端な土着化ではその果実を勝ち取ることは困難であり、また政府・金融当局の規制・要請にも対応することも困難である。それは、究極的には円と米国ドルの二極の経営本部体制をほぼ同等な立場でそれぞれ日本、米国でもち、双方が連携していくグローバル経営体制を敷くことを意味する。

日本と米国の現地銀行の二極の経営本部体制に移行した場合、日本企業であってもそれへのドルの貸出は米国の現地銀行で提供され、ブックされることになる。片や日本企業を含む世界の多国籍企業をめぐる銀行間の競争は、企業の現地通貨のニーズ拡大に伴いアジアなどの新興国も交えて、今後さらに激しくなる。世界中で拡大する企業の金融ニーズをくまなく捕捉し、これにタイムリーに応えるには、日本と米国の拠点のみならず、銀行の世界中の拠点が真に連携しなければならない。そのためには、多国籍企業の世界に散らばる金融商材（pipeline）を統合的に把握し、それを世界中の拠点が一定の基準で整理、共有することがまず必要になる。

従来からグローバル化を進める欧米の大手行では、それをアカウントプラン（account plan）と称し、一定のフォーマット（template）に商材の詳細、これまでの取引・収益をプロダクト別、地域・国別に詳細に記入している（図表17）。また、そこにはこうした定量指標のほか、顧客との交渉履歴や顧客の現況・今後のビジネストピックなどの定性情報も記載している。そのうえで、このtemplateを関係者全員が共有して、顧客への攻め方を顧客担当のRMが各商品の専門家も交えて、検討し決めている。

情報の共有とともにそれを有効に活用していくには、それにかかわる部門、関係者の役割が明

担当者：＿＿＿＿＿＿＿＿＿＿

3　当行の収益目標、提案アイデア、アクションプラン

収益目標				
商　品	アジア	日　本	欧　州	米　州
貸　出				
決　済				
貿　易				
その他				
合　計				

提案のアイデア	商　品	目　標	達成度指標

アクションプラン			実行状況		
アクション	だれに	い　つ	収益額	完　了	結　果

4　顧客への投資の必要性

投　資	だれに	い　つ	状　況

図表17　アカウントプラン（事例）

顧客名：＿＿＿＿＿＿＿＿＿＿

1　顧客の銀行取引状況

顧客の銀行への期待度　1：低い←―3：中間―→5：高い						
価格（金利、手数料）	定期的コンタクト	ネットワーク	積極性	安定性	スピード	高度な知識
XX	XX	XX	XX	XX	XX	XX
取引銀行数						
主要取引銀行						
主要取引銀行の役割			・XXX ・XXX			

2　当行の顧客リレーション状況

顧客リレーション戦略			・XXX ・XXX	
自行のポジション				
他行との比較			・XXX ・XXX	
ワレットシェア分析				
商　品	直近12カ月の収益	市場シェア	競合シェア	詳　細
貸　出				
決　済				
貿　易				
その他				
合　計				

確に定められていることが重要である。それは、本部、地域本部、その下の拠点それぞれがどのような役割と権限で責任をもつのか、そしてRMとプロダクト担当の役割と権限は何か、などすべて文書で明確にしておく必要がある。なぜならば、グローバル連携が実をあげるには、その裏で獲得した収益をどのように関係者で分配するかのルールが定まっていなければ、実際は機能しないからである。また、多国籍の人材を連携させるには、なおさら収益配分のルールが必要となる。最終的にはグローバルな対応の一端を担った貢献分をローカルの拠点に所属する人材の収益（報酬）にどのように反映されるかのルール、フォーミュラが定まってなければ、連携のスピードはそれを定めている欧米大手行に敵わない。欧米の大手行のなかでもそのルールを定めた銀行は、商材の匂いがした瞬間の初期動作が速い。また、それと同様に日頃から商材を発掘する嗅覚も鋭敏となる。収益分配のルールと明文化された役割・権限が車の両輪として存在しなければ、グローバル連携はいつしか気まぐれ、俗人的な連携に堕してしまうおそれが強い。

日本のメガバンクは明確な上下の関係に基づいた行動が染みついている分、グローバル連携という、人の上下関係や拠点軸といった縦の組織構造を超えた、横の機能連携をすることに不得手であったきらいがある。報告はまず上下であり、横の情報共有を拠点や部門を超えて行うことは属人的となってしまうきらいがある。このような状況では、ましてや有能な現地行員を採用してもそれを活かして、派遣、現地問わず横の連携を機能主義に基づいて進めるのはむずかしい。いずれ有能な現地人材の流出に見舞われる可能性が高い。

グローバル連携を進めるには、まず、①世界共通の基準で記載された顧客の情報カルテ（account plan）を策定し、それを世界中で関係者が共有すること、そして、②関係者の役割と権限を明確にドキュメントで定め、それを収益分配（各自の報酬算定）のルールと紐付けること、が出発点となる。その場合、役割は大きく、リレーション、コンテンツ（プロダクトの組成）、エクセキューション（取引の実現）に分かれる。それぞれの貢献度合い（credit）に応じて収益シェアの割合を定め、そこに一定の方式によって発生した費用とリスクを加味してはじめて各人の貢献度合いに応じた報酬を導いていくことが可能となる。

今日GSIFIs（Global Systemically Important Financial Institutions：グローバルなシステム上、重要な金融機関）の対象となった日本のメガバンクにはリスクアペタイトフレームワークをグローバルレベルで定め、運用することが求められている。このフレームワークは、リスクの側面だけでなく、収益をリスクとの対比において把握し、当初の事業計画、事業見込みに対してどのように収益、リスクの状況が変化しているのかを適時、適正にモニタリングし、必要に応じてタイムリーに計画の修正を図ることを求めている。それはこのフレームワークに従って関係者がすべて行動することを前提としている。すなわち、各ビジネスラインに配置されたリスク資本、リスク収益見込みに基づいて行動することを求めている。したがって、各ラインの収益目標とそこから導き出される報酬期待値も、このフレームワークを前提として規定されている。

リスクアペタイトフレームワーク運営の成否は、最終的にはそれに基づいた活動の結果が適正なかたちで各自の報酬に反映されているかということにかかわっている。欧米大手行のトップの巨額報酬に対する批判と見直しのロジックは、社会的メディアの批判は別として、金融当局においてはこのフレームワークのなかで報酬決定をすることで妥当性がはじめて担保されることを求めていることによるものである。簡単にいえば、表面の期間損益の大きさだけでなく、経済価値ベースでのリスクの大きさとの比較でみた収益こそがリスクアペタイトのフレームワークでは問われることになる。破綻前に巨額の益出しをして、あるいは巨額な損を先送りして、巨大な報酬を得て、破綻前あるいは期末に退任することは許されなくなるのである。

リスクアペタイトフレームワークをドキュメントの整備にとどまることなく、実際の運営に使うための鍵は、そのフレームワークと業務計画との調整以前に、フレームワークのなかに報酬決定のロジックまでを取り込んで規定しておくことにある。これは日本の銀行にとって業績評価制度や人事制度そのものにまで影響の及ぶ、これまでの銀行運営を支えてきた最大の基盤、根幹にかかわるものである。その認識をまずもったうえで、グローバル経営の確立に向けて、どのようなかたちでフレームワークと報酬の仕組みを結びつけていくのかを慎重に、しかし直ちに取り組んでいかなければならない。

28 地銀のグローバル化対応の道――トランザクションバンキング

メガバンクに比べると、日本の地銀のドル貸出の規模はきわめて少ない。その一方で、地銀もアジアを中心に海外金融ビジネスに目を向けなければならない状況が起きている。その背景は、主に二つある。一つは日本の大企業の海外進出が、１９８０年代の欧米進出から２０００年代に入りアジア進出の段階に広がり、シフトしてきたことから、地銀の地元の取引先中堅・中小企業も次々とアジアに乗り出していることである。納入先大企業の進出にあわせて、あるいは労働市場の安価なアジアに着目して、あるいは成長市場のアジアに新たな販路を求めてなど、さまざまな背景が地銀取引先のアジア進出を加速させている。

もう一つは、地銀自身の事情である。地元の資金需要の減退は、取引先のアジアシフトや人口減少により構造的なものになってきた。これにより地銀の預貸率は都市部の一部の地銀を除けば、低下の一途をたどり、今日では60%を切るところも増えてきた。この余資を振り向ける先として、地銀は海外のなかでも目の届くアジアへ着目し始めている。アジアでの取引先への与信、さらにはアジアで展開される電力や鉄道、高速道路などの国家的なプロジェクトへのファイナンスへの与信参加、あるいは直利の高いアジアの債券への投資など、まだ試験的ながら、アジアへの資金投入は増えている。

しかしながら、地銀のアジアでの拠点はきわめて限られている。支店をもつ地銀でも香港にほぼ限られるほか、事務所も上海やシンガポール以外はほとんどない。このため、与信業務に関して地銀では現地でアジアの企業与信を判断する機能をもたない。他方、債券などの証券投資については欧米に比べ、政治経済的にも不安定で市場のボラティリティも高く、規制変更リスクも高い。地銀が自らの投資判断能力で本格的な証券投資を展開していくにはむずかしい状況にある。

このようにメガバンクと相当異なる状況のなかながら、2000年代以降地銀はアジアへの関与を主に二つの方法で積極化させてきた。一つはアジア、特にアセアンの地元大手行との業務提携である。とりわけ、タイのある大手行と地銀の提携数は25行を超えるまでになっている。その提携はほとんどが地銀の取引先の現地での支援であり、現地口座の開設や為替、現地通貨の提供である。もう一つは駐在事務所の開設である。その大半はアセアンの金融市場および金融情報の集積地といわれるシンガポールでの駐在員事務所開設である。また、これにあわせて事務所を複数の地銀で実質共有する、また取引先の商談会を中国やアセアンの現地で複数の地銀が共同で行うといった、地銀間での協働の動きが起こっているのも、今回の地銀の海外展開の特徴でもある。

しかしながら、こうした取組みにもかかわらず、地銀のアジアビジネスが収益貢献度は概して低い。ましてやメガバンクのように米国やアジアを第二、第三の現地化、土着化市場として位置づけ現地に経営の本部を設けるといった展望は地銀には当てはまらない。かつて大手地銀はこぞってニューヨークやロンドンに支店を出したが、バブルの崩壊とともにほとんどが支店を閉鎖した。これと同じように、アジア進出も取引先の動向や国内の金融ビジネスを受けて、あくまで流動的な対応をする市場となるのか、あるいはバブル崩壊時からさらに地方の資金需要の減少と人口減による市場の縮小が構造化して進行するなか、一時的な対応に終わらない取組みとしなければならないのか、現状はいずれかの判断をつけられないまま、手探りでアジア展開をしているのが現実であろう。

ここで、アジアを中心に地銀における将来のグローバル化への対応を考えるにあたり、地銀の提携先をはじめとするアジアの地元大手行がどのような戦略のもと、ビジネス、経営の強化に取り組んでいるかをみておこう。とりわけ、インドネシア、マレーシア、タイなどの大手行の資産規模は5兆円前後から10兆円強であり、日本の地銀の中堅、大手行並みの規模である。もっとも、収益性は3から5%にのぼる資金利ざやや、旺盛な貸出需要、残存する国内参入規制など、日本の高度成長期と同じような環境に支えられ、日本の地銀の2倍から3倍程度にのぼっている。

アセアンでは近年、国内銀行のみならず外資系銀行も含めた銀行競争に及ぼす新たな動きが急速に拡大している。その一つはアセアン域内、アセアン―中国、アセアン―インド、主に三つの経済圏間での貿易活発化である。また、日本企業が生産拠点を中国からさらにアセアン域内国へ拡大、あるいはシフトさせている動きに伴い、日本のメガバンクのアセアン参入強化の動きが活発化している。それはアセアン主要国からベトナム、ミャンマーなどの周辺国へ広がりをみせている。アセアン地域でHSBCやシティ、スタンダードチャータードバンク、さらに近年ではオーストラリアのANZなどの外資系の銀行が、この地域の貿易拡大にあわせてCMS（キャッシュマネジメントサービス）をはじめとするトランザクションバンキングといわれる決済ビジネスを展開してきた。また、HSBCやシティなど一部の外資はクレジットカードや消費者金融、リースなど国内の一部のリテールバンキングも手がけてきた。ここに近年邦銀が加わり、トランザクションバンキングの競争はいっそう激しくなりつつある。

こうした状況を受けて、アセアンの地元大手行は、域内貿易の拡大にあわせ、域内他国への参入とトランザクションバンキング機能の整備、拡充に乗り出している。また、マレーシアの大手金融グループCIMBなど、アセアンでの証券業務の強化にも乗り出し始めている。とりわけ国内での強固な顧客基盤、店舗基盤に比べると、これらアセアンのトップ銀行の国際為替、国際資金業務のインフラは外資銀行に比べ見劣りしている。そのため、ここにきてインドネシアのマンディリ銀行をはじめ、アセアンの地元トップバンクトランザクションバンキングの強化に急速に乗り出している。それは、内外の取引に対する決済サービスが外資銀行にとって国内参入、アジアの地元大手企業取引への参入の入り口となっているからである。

シティやHSBCなどこの分野のリーディングバンクは、過去10年強にわたって毎年千億円規模のITコストをかけてこの分野の強化に取り組んできた。また、リテールでは存在感の欠けるドイツ銀行グループも対銀行や対機関投資家向けの決済業務にフォーカスして、先進的な決済プラットフォームをアジアの企業や金融法人に提供してきた。当然のことながら、企業のグローバル化にあわせて、銀行の対応能力がまず問われるのは、優れた他通貨間の決済サービス機能である。しかも、企業の貿易取引のみならず、企業の現地化や自国を経由しない三国間、多国間貿易取引の活発化、さらに新興国の企業も対象とした買収の活発化により、多国籍大企業の決済ニーズは今日遥かに多様化、高度化している。

アセアンの地元大企業は、日本の大企業が高度成長期に経験した時以上に世界的な貿易取引、資本取引のグローバル化の波にさらされ始めている。加えて今日の各国の金融資本市場がグローバルな連動性をかつてないほど高めていることから、企業の資金管理は遥かにむずかしさを増してきている。アセアンの地元大手行にとってトランザクションバンキングへの対応が、国際業務面の大きな課題になっているのはある意味当然である。日本のメガバンクが高度成長期に提供していたトランザクションバンキングより遥かに高いレベルのものを急速に整備しなければならない状況にある。これが、ここにきてアセアンの地元大手行がトランザクションバンキング戦略の策定と実施に強力に取り組み始めている背景である。

トランザクションバンキングといった戦略面のみならず、規制対応やコンプライアンス、ガバナンス、リスク管理面でもアセアンのリーディングバンクの経営の取組みは、ここにきて強力なものとなっている。日本の高度成長期には、ＢＩＳ規制のような国際規制は存在しなかった。当時日本の銀行は、金融自由化以前で参入規制に代表される強い規制に守られた環境にあり、深刻なコンプライアンスやガバナンスのルールにも直面していなかった。そもそも当時はコンプライアンスやガバナンス、インターナルコントロールという言葉すら国内で語られることはなかった。1990年代初めですら、筆者が日本銀行でバーゼル銀行監督委員会を担当し、インターナルコントロールリスクの問題に取り組んだ際、日本の銀行はそれを当初事務リスクと同義に受け止めていたのはいまでも記憶に残っている。

これに対し、アセアンの銀行は、日本の銀行界がかつて長らく置かれたように国内の保護規制を強力に引いて、国際金融規制環境から免れるということはできない状況にすでに置かれている。バーゼルⅢへの対応はこれらの銀行にとっても必須である。コンプライアンス、ガバナンス、コンティンジェンシー・プラン等々も整備しなければならない。規制対応、経営管理とも高度成長期の日本の銀行に比べ遥かに多岐にわたり、複雑となっている。ましてや、高度成長期の同規模程度の日本の地銀の状況と比べると、その負荷は比べようもなく大きい。そのことは、アセアンのトップバンクがコンサル会社に払っている費用の大きさをみてもわかる。5兆円の銀行で年間数十億円単位の費用を戦略、経営管理・リスク管理に支払っている。

また、費用だけではない。その取組みは、猛烈ともいえる動きである。それは、経営トップのイニシアチブによるトップダウン方式で、全行あげて戦略強化と管理強化を同時進行で進めている。とても漸進的に、学びながら、といえるようなスピード感ではない。たしかに、日本の地銀に比べると、同規模でも、銀行員の労働力の質や銀行へのロイヤルティ、ファミリー経営、銀行員の離職率、経営トップの教育環境（高校まで地元のインターナショナルスクール、大学・大学院は英米の一流校卒）などさまざまな違いがある。もちろん、近時、日本の同規模地銀よりも収益性が高いという違いも大きい。日本の地銀がアセアンの大手行との提携を互いの収益強化に発展させていくには、彼らが置かれたこのような状況をまず十分にふまえる必要がある。

アセアンの大手行と日本の同規模地銀。経営のスピード、収益性、彼我の差は別として、日本地銀にとっては、アセアンの大手行のこうした動きのなかにアジアでのビジネスの今後を考える鍵がある。それはトランザクションバンキングである。ここに両者が提携を真に互いの利益のためにできる鍵がある。なぜなら、日本の地銀もアジア進出の取引先支援でまず収益の対象となるのが決済業務、トランザクションバンキングだからである。一方、そこは、日本のメガバンク、欧米のグローバルバンクがアジア進出企業に食い込むための魅力的な入り口でもある。とりわけ、日本のメガバンクはこの5、6年、アジアでのトランザクションバンキングの強化に取り組んでいる。メガバンクがアジアの地元行を買収して、まず機能補完・強化としてそこに提供できるのはトランザクションバンキングである。

トランザクションバンキングは、今日、為替・資金の手数料競争といった単純な戦いから多通貨決済のサービス、オペレーションの質の戦い、さらに資金管理のソリューションの戦いに進化している。また、世界のリーディングバンクは、企業向けのみならず、銀行などの金融法人向け、機関投資家向けなど、それぞれの顧客ニーズにあった決済のインフラ整備強化にしのぎを削っている。特に進出企業の現地での取引先のネットワーク拡大をにらんで、ネットワーク内の決済を一気に囲い込むサプライチェーン・ファイナンスと呼ばれる決済プラットフォームの提供も広がっている。決済で取引先網を囲い込み、その次に与信業務に選択的に取り組む。これが銀行における海外での企業取引先の拡大、囲込みの有力な手段となっている。

日本の地銀は、国内においても多通貨の決済機能は脆弱であり、メガバンクに多通貨の為替ヘッジを依存している先も多い。この状況で、地銀は取引先のアジア進出に伴う現地通貨ニーズに対しては現地大手行との提携で対応している。しかしながら、現地での取引先の事業拡大に伴う貿易や資本取引に絡む現地通貨にとどまらない多通貨の決済ニーズへの対応力は、地元の大手行でも世界のリーディングバンクには見劣りするのが現状である。

この状況のなかで、日本の地銀にとってアジアのトランザクションバンキング機能の整備・提供は、地銀同士の共通の利益となるほか、提携先のアジアのリーディングバンクの利益ともなる。また、トランザクションバンキングの強化は、数百億円から1000億円単位のまとまったインフラ（IT）投資を伴う。さらにそのシステムの更新・強化も継続的に行う必要がある。地銀は国内においてバブル崩壊後、コスト削減から円貨の勘定系システムの共同化を進めた。勘定系という体でいう心臓部を銀行から切り出すことについては、単なる足許のコスト削減という問題を超えて、商品やサービスなど営業関連のシステムの独自開発への制約が発生するという負の側面も今日指摘される。また、コストは当初想定以上には下がらないといったケースや、銀行自体のIT管理力が低下しているといった懸念も指摘される。

これに対し、トランザクションバンキングにかかわるシステムは収益を生み出すための戦略的投資である。その投資額の大きさからみて、地銀同士がアジアを中心に共同して取り組む戦略的メリットは大きい。さらに地銀同士にとどまらず、アジアの提携先銀行の共通の利益でもある。そのシステムはその性格からして国際システムであり、当初より地銀と提携先銀行が組んで取り組む意義がある。ガラパゴスとならないシステムとして協働して構築することがその後のシステムの拡張性という点でも重要である。さらに、その保守・運用・開発のために、地銀と提携先銀行が共同でアジアにトランザクションバンキングシステムの運営会社をつくることも検討に値する。

地銀がバブルの時以来、再び海外市場に進出し、事業展開をしていく道筋は、従来のように駐在員事務所の設置から支店への昇格といった道筋ではない。国内以上に海外においては、地銀同士が共通の利益のために協働できることが多い。トランザクションバンキングにかかわる決済インフラは、まさに地銀同士が共同して取り組み、構築することが共通の利益に大きく効いてくる分野である。

29 地銀のグローバル化対応の道——与信ビジネス

地銀がバブル崩壊以降アジアを中心に再び海外業務に目を向ける背景は、取引先支援のほか、もう一つの動機がある。それは国内での地元市場における資金需要の構造的減退と高齢化等に伴う余剰資金の増加である。これまで地銀は、余剰資金を国債中心に国内での証券投資に振り向けてきた。しかしながら、国債の利回りの低下や証券ポートフォリオの集中リスクから、資産分散を図っていかなければならない状況にある。また、与貸率が6割を切ってくる地銀が出てくる状況のもとでは、銀行が機関投資家に変質しているとの指摘も出てくる。銀行が引き続き預金を貸出で運用するという伝統的モデルを展開するのであれば、銀行はやはり与信業務の展開で余剰の預金運用を考えるべきとの指摘もある。

地銀に比べ、メガバンクは、特にリーマンショック以降海外での与信業務を積極的に展開してきた。相対型の貸出やシンジケーションローンの組成にとどまらず、プロジェクトファイナンスや航空機ファイナンス、シップファイナンスなどのストラクチャードファイナンスなども積極的に手がけている。それに携わる外資系銀行の専門チームとそれが保有する貸出資産の買収にも乗り出している。将来の与信市場を求めて、アジアの周辺国からアフリカや中南米などにも拠点を広げ始めている。また、組成した与信のポートフォリオ自体のバルク販売、あるいはファンド化によるバルク販売を通じた投資家向けのビジネスの検討も本格化している。

これに対して地銀は、国際業務の人員も海外の拠点数もメガバンクに比べ圧倒的に限られている。このような状況のなかで地銀が海外での与信業務に取り組むとすれば、どこに道があるのか。それの答えを求めるには、まず与信における審査の考え方自体について再考する必要がある。国内の銀行貸出は伝統的に有担保主義を原則に担保貸出が基本となってきた。そこにおける審査は、債権の保全という観点が第一に考えられた。バブル期には土地や株式などの値上りを受けて担保価値を高く評価し、企業へ貸し込んでいった。それは、企業の本業への資金提供を超え、不動産の取得という本業とは無関係の事業投資への資金提供や明らかな投資目的の資金提供にまで及んだ。バブル崩壊に伴い、審査と営業の分離が叫ばれ、ＢＩＳ規制の導入も加わり、担保価値を厳格に測る個別審査の徹底と、信用格付の導入によるリスクに見合った貸出金利の設定が図られた。

銀行の国内における貸出審査をめぐっては、バブル前後の大きな時代の転換の影響を受けながらも、担保価値評価に基づく債権保全を第一に審査を行うという基本原則は今日も変わりない。高度成長期との大きな変化は、ＢＩＳ規制の導入を契機に、よりリスクを反映した貸出金利の設定や担保に加え信用格付による審査への積極導入である。もっとも、きわめて低い金利状況の継続と資金需要の低い状況が続くなかで、国内の貸出市場は、住宅ローンなどの個人向けも含め、供給過剰の状況にあり、実際にはリスクに応じた金利設定は理論、理屈どおりには進んでいない。

今日海外において高い利ざやが見込める貸出は、アジアをはじめとする新興の成長国の企業貸出や事業の収益性の評価をもとに判断するプロジェクトファイナンスである。審査の観点からは、担保余力や担保価値の評価より企業や事業の成長性の評価が必須となる。このような貸出は銀行にとり、融資と投資の中間の位置づけになる。案件によっては投資として特定目的会社を通じて資金提供することが適切な場合もある。日本も戦後から1950年代、1960年代の企業貸出には、このような企業や企業が手がけようとする新規事業の成長性の評価にかけて融資し、企業の成長を後押ししていた側面が強い。日本のリーディングカンパニーのトヨタも1949年から1950年の経営危機時は日銀のあっせんがあったとはいえ、銀行の融資提供によって事業継続が可能となった。バブル崩壊後、日本の企業が経営悪化に陥った局面では、以前とは異なり、プライベート・エクイティファンドによる投資が登場したが、この局面においても銀行は担保主義を超えて企業再生という観点から融資を提供するケースもあった。成長と再生、局面は正反対なものの、高いリターンの可能性が強い一方リスクも大きい局面では、担保審査を超えた究極のリスク判断が銀行側に求められる点にかわりはない。そのリスク判断とは尽きるところ事業性の判断である。

アジアをはじめとする新興国の企業やプロジェクト向けの融資機会の審査では、まさにこの事業性の判断が審査の根幹を占める。そのためには債権保全の観点からの審査以前に、事業の成長性やそれに伴うリスクを財務分析によって測ることが求められる。それは、アセットマネージャーからプライベート・エクイティファンドなどさまざまな投資家のアナリストが行っているのと同様の財務分析を行うことが求められる。そこでは債務の提供と資本の提供による期待リターンやリスクの違いを前提にした分析が必要になる。

ここで一つのエピソードを紹介したい。１９９０年代末、日本の銀行や企業破綻が急増し始めた時、米国のプライベート・エクイティファンドがこぞって日本に上陸した。そのなかの1社は日本の大手企業と組んで日本の中堅企業に投資するファンドを立ち上げた。筆者はその最初の検討会にコンサルタントの立場で呼ばれた。日本の企業側のメンバーは、ほぼゼロ金利のもと、低利で資金を借り入れられるなかではわざわざ資本注入を求める会社はいないと当初から冷ややかな態度であった。議論の半ば、業を煮やした外資のプライベート・エクイティファンドの創設者が投資と借入れの違いを数式で示した1枚の紙を全員に配布し烈火のごとく怒りながら、物凄い形相でエクイティ投資と借入れの違いを力説した。その主張の趣旨は、日本の中堅企業にも成長を目指す企業はあるはずであり、その企業の経営者はその場合、資本投資のほうを選択する、そういう企業を発掘するのがわれわれの仕事であるというものであった。１９９８年当時は貸渋りが広がり、銀行が手のひらを返したように融資を引き揚げ始めた時である。私は当時金融機関のコンサルタントを目指していたが、当時コンサルティングの依頼は、貸渋りにあっていた店頭公開クラスの企業の資金調達に関するものが多かった。あるクライアント企業は、株式公開後手がけた新規事業が失敗し赤字に陥ったところに貸渋りに見舞われた。3月の期末を乗り越えるために国内で資本提供する先はなかったことから、本業の調剤薬局事業のレセプトの担保貸出やファクタリングによる調達のほか、店舗の入居保証金の証券化などを検討した。しかしながら、日本の銀行は追加担保があれば貸出をするとの一点張りであり、このようなスキームに応えてきたのは外資系の銀行だけであった。その企業は現在日本を代表する全国的調剤薬局チェーンとなっている。私はこの話を引き合いに出しながら、そういう経営者は他にもいるはずとファンドの創設者に応じたが、企業側のメンバーは冷ややかな反応に終始した。結局、そのファンドは投資の矛先を日本の中堅企業から破綻銀行に切り替え、巨額の利益をあげた。

地銀がアジアで与信ビジネスを展開するとすれば、成長性の評価、投資リターンという観点からの審査力も必要になる。国内の従来の審査だけではない分析力が求められる。日本のメガバンクでもアジア企業への貸出については格付の高い大手企業や格付のある企業向けが基本である。それは今日メガバンクがアジアでの現地銀行の買収に乗り出している背景の大きな一つでもある。取引先のアジア進出、それに伴う現地企業との取引拡大が進むとはいえ、地銀にとってアジアで自ら与信業務を展開するハードルは高い。

融資ではなく、ファンドを組成して投資する方法もありうる。また、アジアで組成されるアジア企業向けローンのファンドに投資する方法も考えられる。それも成長評価を前提とした審査力を磨くには役立つであろう。しかしながら、試験的に投資業務に乗り出すのであれば、むしろメガバンク同様、アジアにおいて地銀も現地銀行への出資、買収を目指すことが最良の道である。資産規模でいえば、先に述べたようにメガバンクが触手を伸ばしているアセアンの大手行は地銀の中堅から上位行の規模である。もっとも、その時価総額は、高い収益性や成長期待から日本の地銀の大手行を大きく上回る先が多い。

海外の銀行界では小が大を飲む買収は例外ではない。保険会社やファンドの資金もあわせて規模の大きい銀行を買収するケースは存在する。その典型は、1990年代、スコットランドの地銀ロイヤルバンクオブスコットランドが英国のメガバンク、ナショナルウェストミンスターを買収したケースである。ここでもアジアでのトランザクションバンキングにおけると同様、複数の地銀が共同してアセアンの銀行に出資するあるいは買収することは有効な選択肢である。

銀行の本業が引き続き元本保証の預金を与信リスクをとって運用することにあるとすれば、地銀であっても海外で運用を手がける場合、それは与信業務である。取引先のアジア進出にあわせてアジアでの決済業務から与信業務を志向するのであれば、腰を入れて成長評価の審査力を磨くことと同時に地銀共同での現地行への出資、買収を検討する必要がある。

30

人口減少下で銀行界が向かうべき道

成長市場の海外でこそ共同化のメリットが大きい地銀は、構造的に人口減少と資金需要の減退が進んでいる国内において、再編が取り沙汰されている。すでに述べたように、定期預金で安定資金を調達してそれを国内で企業貸出に振り向け、資産規模を拡大させる銀行の戦後成長モデルは、人口減少、企業の海外シフト、個人金融資産の運用利回り向上の必要性、銀行による総合金融サービスの提供といった変化を受けて、確実に転換を迫られている。貸出需要が構造的に落ち込む地域においては、むしろ定期預金からそれより利回りが期待できて流動性のある運用資産（預金）、MRF・MMFなどへシフトを促すのが顧客の利益に適う銀行行動である。総合金融サービスが提供できるようになった銀行は、顧客利益優先の立場でライフプランニングを提供すべきである。それによって預金獲得にとらわれない、決済資金、貯蓄資金、投資資金の最適なバランスを顧客にアドバイスし、それにあった金融商品を提供すべきである。銀行のオンバランスシートが拡大するか縮小するかは、その結果である。たとえ、ライフプランニングの結果、預金からMRF／MMFやその他の投信、保険に資金がシフトしても、顧客関係が切れるわけではない。定期的なライフプランニングにより顧客関係はむしろ深まるはずである。

地銀同士の統合が従来型のオンバランスシートの規模の拡大による規模の利益とそれによるコストの効率化を目指すとすれば、残念ながら根っこの経営が抱える構造的問題は解消しない。当座資産規模5兆円を目指す統合、いや10兆円を目指す統合であっても、人口減少と資金需要の構造変化への根本的な解決にはならない。また、合併方式を選択しようと持ち株会社方式を選択しようと、その合理化効果にも限界がある。統合した規模で再び預金運用難に直面する。

米国、英国、日本をみると、1990年代以降日本以上に米国と英国は銀行数が減少した。足許は、米国の減少が顕著である。米国、英国とも銀行数の減少に対して国内の貸出と預金残高は増加している。また、人口自体が日本と反対に増え続けているのである。経営の立場に立てば、このことは理解できる。市場が成長しているとき、経営者はだれしも規模の拡大による利益の享受を積極的に目指す。他行より一歩でも先駆けて行動し、市場の成長の果実をだれよりも早くとろうとする。今日、グローバルレベルで成長市場に先進国の多国籍企業がなだれ込んでいるのはその証左である。その過程で企業の買収、合併は活発化する。より大きな市場での戦いの備えとして企業は巨大化していくことになる。逆に人口が減少し、市場の縮小が不可避なとき、その市場のコップのなかでむやみと合併、買収を繰り返し、規模をいたずらに拡大しようとする企業はあるまい。それは小さなかごのなかのねずみの行動と同様、共食いになりかねない。

縮小市場でとるべき行動は、二つある。一つは、資金需要の旺盛な新たな市場を求めて行動を起こすことである。伝統的な法人貸出モデル、預貸モデルを追求し、それをとことん極めるのであれば、資金需要の旺盛な海外地域に乗り出すことである。その方法については、メガバンク、地銀それぞれについて先に述べた。もう一つは、同じ縮小市場のなかで従来の銀行ビジネスモデルを革新させ、そのモデルで国内において新しい市場を創造し、その市場でいち早く顧客のワレットシェアを競合のだれよりも握ることである（図表18）。すなわち、定期預金で調達した資金を貸出に振り向け、もっぱらキャンペーン型の価格競争に訴えて、貸出残高シェアの拡大を図るモデルから脱却することである。繰り返し述べてきたように、残高というボリュームの増加がストレートに収益の増加をもたらす時代は終わっている。100円マック後のマクドナルドの苦境に象徴されるように、顧客のパイ自体が減少に向かっている市場においては、価格訴求だけに頼っても販売量（貸出残高）が値引率以上に伸びる保証はない。

小売業で低価格を売りにしている企業のなかでも勝ち残っているのは、たとえ競合他社が同じ価格で対抗しても、顧客が競合他社以上の価値をその企業の商品、サービスに感じているからである。ユニクロが最初に出したヒートテックや機能性ブラなどの機能性下着はその好例である。

飽和状態で利幅の低い下着市場に新しい機能をつけて、新たな機能性下着市場というジャンルをつくりだしたのである。しかし、その革新さえ、競合先もすぐさま必死になって模倣する。より優れた機能性下着を早期に開発しようと競争がすぐさま起こる。こうした革新の連鎖によって最も利益を受けているのは顧客である。顧客は従来と同じ価格あるいはそれより低価格で、これまでにない、価値あるものを手にすることができるのである。しかし、その企業競争があるからこそ、飽和市場においても顧客の買替行動が促され、新たな需要が生み出されるのである。単純な価格訴求の時代、毎年同じ価格キャンペーンを季節ごとに繰り返して競争する時代はとうに過ぎ去っている。銀行は従来型の価格政策の呪縛から抜け出すことにもがいているが、その道は「銀行ビジネスを革新する」ことに尽きる。

ライフプランニングの展開は、単純な価格訴求から脱却するための第一歩である。また、「所有から利用」への発想の転換に基づく金融サービスの提供は、金融商品、サービスの革新を創造するための基盤となるコンセプトの一つである。このコンセプトに基づいて管理信託やリースという機能を活用した資産の流動化（オフバランス化）によるキャッシュフローの改善、またその一環としてローンや立替えなどの決済サービスの複合的な取引もできる仕組みを創造する。これらの商品は、いずれもすでにある商品ながら、新たなコンセプトで構築された仕組みによって結

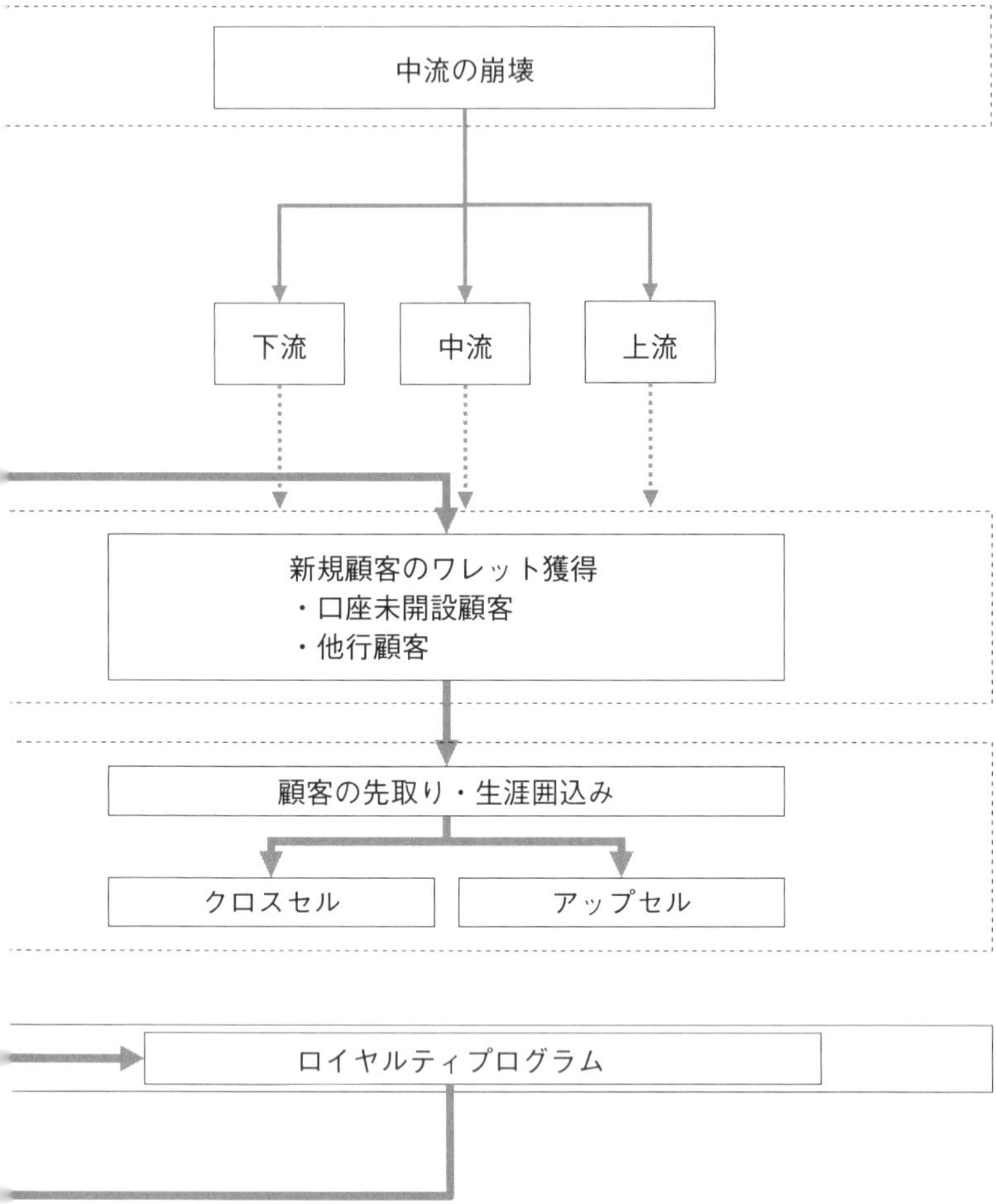
中流の崩壊
下流
中流
上流
新規顧客のワレット獲得
・口座未開設顧客
・他行顧客
顧客の先取り・生涯囲込み
クロスセル
アップセル
ロイヤルティプログラム

図表18　人口減少時代のリテール金融戦略の体系

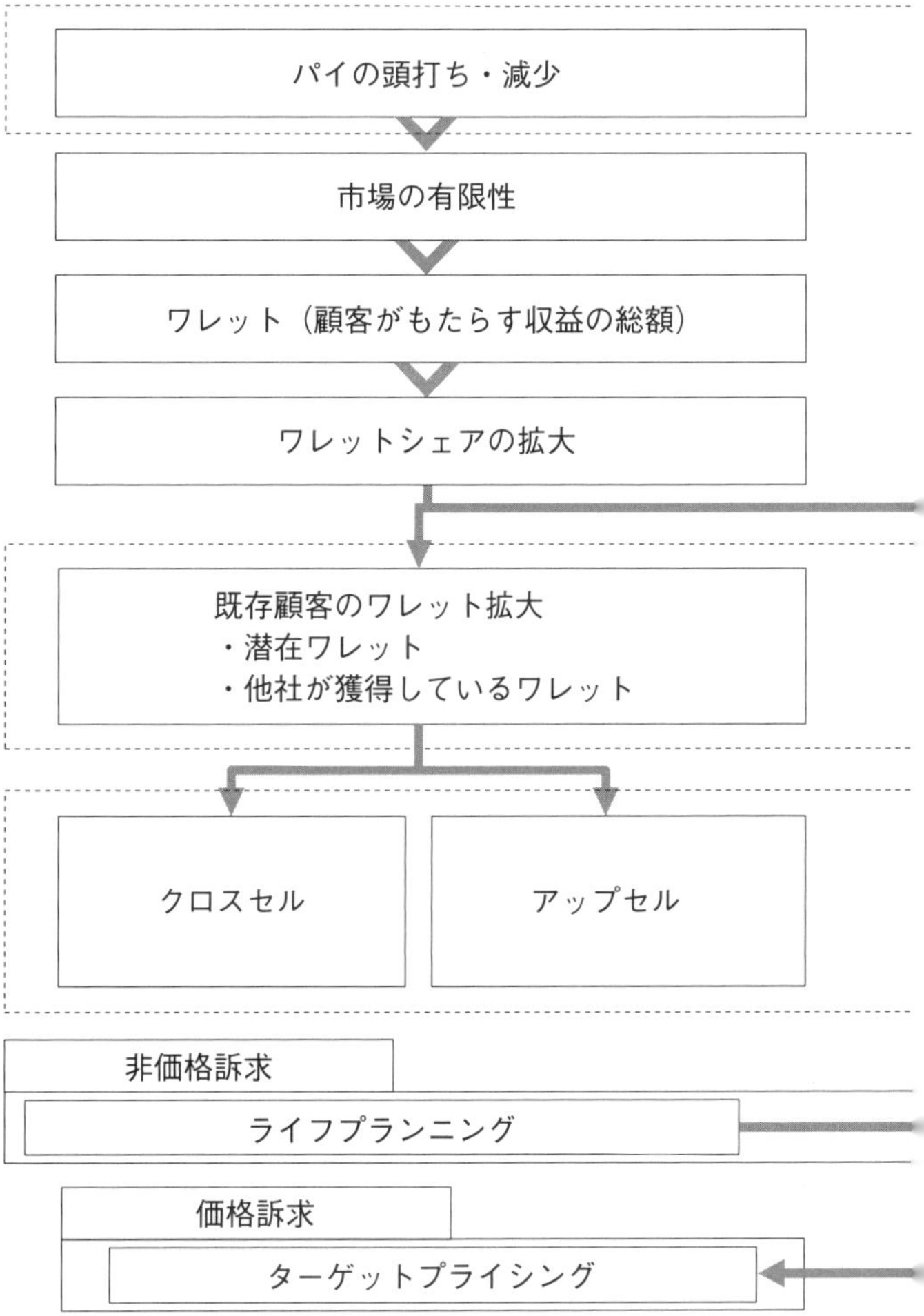

びつけられることで、独自のクロスセルと顧客囲込みの仕組みを構築しようとするものである。これも一つの革新である。信託付住宅ローンや、売掛債権の早期払いとリースやレンタルによる現金仕入れの繰延べのパッケージ化など、既存の機能の組合せで金融ビジネスを革新する余地は多数ある。ネットショップモール運営者が出店者の商流（決済と売上双方のフロー）のリアル把握という視点から、無担保の運転資金ローンという新たなギャップファイナンスを展開し始めているのも、年度決算という定点把握に依存した従来の銀行の与信判断、与信管理手法に対する一つの革新である。

革新が生み出される根源は、革新を提供する企業と顧客の間にロイヤルティが存在することである。あるいは企業側が顧客ロイヤルティを形成しようと必死になることである。それが、革新というものが単純な価格競争を超えたところで顧客を囲い込めることにつながる理由である。ビジネスのルールチェンジといわれる現象が起こるのも、革新が顧客と企業の間に新たなロイヤルティを生み出すからである。

ポイント制は、その最もわかりやすいロイヤルティ施策である。ポイントはかたちを変えた価格訴求と勘違いされやすい。しかしそれは、ロイヤルティ顧客像に基づいてターゲットを定めた価格政策である。価格をてこにボリュームの増加で収益アップをねらう従来の季節的で一律的な価格政策とは根本的に異なる。ロイヤルティの度合いに応じたポイント率の設定やポイント還元するベネフィットの中身は、ターゲット顧客の購買行動や属性に基づく分析、そして何よりも各社が築き上げ、囲い込みたいロイヤルティ顧客像に基づいて構築される。そうでなければ、そのポイント戦略は無駄な販促費の垂れ流しで終わってしまう。

各社、どういう顧客を顧客としたいのか、そして顧客とともにビジネスを発展させ、商品、サービスを進化させたいのか、ファンになってほしいのか、リピーターになってほしいのかを明確にしなければならない。それができなければ、売上シェア（預金や貸出残高シェア）をいたずらに追い求めたものの、収益は結局あがらないという従来型の価格政策の呪縛に陥る。自社が求めるロイヤルティ顧客像を明確に定めたうえで、それに該当する顧客をむしろ創造していくことが企業の永続的な成長の必須条件となる。それが典型的にみられるのが世界的なブランド企業であり、時代の荒波を乗り越えて商品・サービスへのこだわりを１００年以上にわたり貫いた長寿のファミリービジネスである。

値上げしても離れない、それどころかファンが増え続けるスターバックスと低価格戦略で惹きつけた顧客すら離反したマクドナルド。同じタイミングで明暗がはっきり分かれてきたこの両社は、ロイヤルティ顧客像をまず定め、そういう顧客市場、顧客像に合致した商品、サービス、そしてそれらを提供する空間を顧客とともにたえず創造していくことの重要性を象徴的に物語っている。ハンバーガーやコーヒーなどの手軽なファストフードにおいてすら、革新を生み出そうとする新規参入者は後を立たない。磐石なロイヤルティ顧客基盤を築いたと思った矢先に、革新プレーヤーがより顧客を惹きつけるロイヤルティ顧客像を市場に示す。そして、顧客がそれに気づきを与えられ、そのプレーヤーにロイヤルティを感じ、それまで市場をリードしていたプレーヤーから離反していく可能性は常にある。世界のコーヒーチェーン市場で現在勝ち組のスターバックスも常にそういうリスクにさらされている。実際、本国の米国では、高価格ながらハンドドリップなどこだわりの入れ方で提供するサードウェーブコーヒーと呼ばれる新たな波が押し寄せ始めている。成熟市場や飽和市場、縮小市場における中心的な戦いは、革新により新たな顧客市場を形成するという戦いである。それは、新たなロイヤルティ顧客を不断に創造する戦いといってよい。価格効果だけでは説明のつかない革新、すなわち新たな価値の提供を伴った価格政策は、顧客にロイヤルティをつくりだし、顧客のパイが縮小するなかにあっても自社独自の顧客市場、収益市場をつくりだすことができるのである。

あらゆる業界の歴史をみるまでもなく、業界の真の再編は革新によってもたらされる。日本の銀行数の減少ペースは、この20年間の欧米先進国より少ないが、この数年地銀において救済型以外の統合も目立ち始めている。拡大市場でなく縮小市場のなかで統合による規模拡大が真に成功するには、それが銀行モデルの革新を伴ったものでなければならない。地銀再編は進むべきとの見方は、それが銀行モデルの革新を伴っているのであれば、正論である。それがない状況で地銀同士が統合を繰り返しても、それはコップのなかの波にすぎない。地銀の収益モデルを根本的に変えることにはつながらない。その意味では、いたずらな再編論は危険ですらある。

米国では、1996年の州際業務規制の撤廃を機に堰を切ったように地銀の統合が全国規模で進んだ。とはいえ、現在でも米国には資産5000億円以下の銀行も多数存在し、大手行と小規模銀行の二極化が他の先進国に比べ特徴的になっている。その背景にはリテールの規模の経済性を左右する人口の集積度が日本や英国等に比べ弱いという事情が大きく効いている。この点の詳細については拙著『金融大統合時代の金融リテール戦略』(ダイヤモンド社、2009年)をお読みいただきたいが、米国の銀行が革新をリードしているかといえば、そうとは必ずしもいえない。かつてドラッカーは、「米銀は、60年代のクレジットカードの登場以降、革新が起こっていない」と述べたが、米国の銀行再編は、国内市場が拡大を続け、規模の拡大が収益の拡大をもたらす環境のもとで、従来どおりのビジネスモデルの枠組みを基本的に継続しながら、現在も進展している。ただ、このような環境にあっても、同じく1980年代までの市場拡大期の日本の地銀と異なる点はある。それは経営者の経営意識であり、株主の要求を伴った経営者の意識である。

経営の意識の違いは、ノースカロライナ州の地銀であったネーションズバンクが1980年代半ばからたどった道に象徴的にみてとれる。ネーションズバンクの前身のノースカロライナ・ナショナルバンクは1988年、総資産290億ドルの地銀であった。同行は1980年代から50を超える地銀買収を繰り返した。そして、1990年代半ばには総資産全米第5位の銀行にまで拡大する。そして、州際業務規制全面撤廃直後の1997年、近隣州のフロリダ州最大のバーネットバンク（同23位）を買収し、当時のチェース、シティに次ぐ全米第3位の地位を占める（当時総資産2844億ドル）。1990年代半ばの米国銀行界は、市場拡大の果実を他行に先駆けいち早く得ようとする地銀同士の買収・合併合戦が過熱していった時期である。その背景には、米銀は不良債権問題を終える一方、人口拡大が引き続き力強く続くなか、他州の被買収銀行の支店化を認可するという州際業務規制の全面施行があった。そして、ネーションズバンクは、1998年バンクオブアメリカを吸収合併し、ついに全米第1位に躍り出る（当時総資産5428億ドル）。

日本の1990年代後半と異なり、米国の国内市場は力強い人口増加のなかで、伝統的な預貸モデルが規模の拡大によってスケールメリットをもたらすという状況にあった。他方、こうした伝統的な銀行モデルを踏襲しつつ、利益のさらなる拡大を目指して、地域の証券ブローカーの買収や保険代理店の買収にも乗り出している。たとえば、ネーションズバンクは、コーポレートファイナンス業務の強化をねらって、１９９７年にはＩＰＯ（新規株式公開）とブロック・トレーディングを得意とする中堅証券のモンゴメリー・セキュリティーズを買収している。

買収・合併合戦が加速した１９９０年代半ばから後半において、米国の地銀の買収・合併のつど、買収する側の経営者も買収される側あるいは買収のターゲットにされる経営者も、対外的に必ず口にしたのが、一株当りの利益率（ＥＰＳ）であり、その成長率である。買収・合併を仕掛ける側は、それによってＥＰＳの成長率が高まるといい、ターゲットとされ、独立維持を掲げる経営者も、単独でもＥＰＳの高い成長率は達成できると主張した。日本の地銀の経営者との意識の違いは、端的にいえばここにある。２０００年代以降の地銀統合において経営者が合併によるＥＰＳ目標やＥＰＳの成長率に言及したことはない。また、報道側もそれを明確に問いかけることもなかった。しかしながら、今後国内で銀行が生き残るとは、たとえそれが地銀であっても、突き詰めれば、ＥＰＳが維持、成長し続けることと同じことであるはずである。

米国と異なり、日本の銀行数は、１９５０年代後半から１９７０年代前半の20年間の高度成長期と二度にわたるベビーブーム時代の国内市場拡大期、そしてバブルを経験した1980年代に至るまで、都銀、地銀とも行数はほぼ不変であった。戦後1997年に銀行が初めて破綻するまで、「参入規制」と不当神話といわれた「当局の暗黙の保証」、そして「株式持合い」という三つの特徴的な環境が日本の銀行を覆い隠していた。このかご、コップのなかで、1990年代以降再編が加速した米国や英国の銀行に比し、日本の銀行の経営行動がEPSに動機づけられていたとはとてもいえない。

この意識のままでは、伝統的銀行モデルを基本的に踏襲している従来型の銀行に対して、銀行モデルの真の革新を期待することはむずかしい。しかしながら、革新の萌芽は、日本の銀行界にも出始めている。それは三つの環境で守られてきた銀行ではなく、誕生当初辺境のプレーヤー、限界的な存在とみられていた異業種の銀行である。米国では、小売業などの異業種が銀行を設立することは、商業と銀行の分離主義のもと認められていない。英国ではテスコやセインズベリーなどの大手流通業が銀行を設立したが、今日のセブン銀行やイオン銀行、楽天銀行ほどの存在にはなっていない。これほどまで異業種銀行が拡大し始めているのは先進国では珍しい。また、数兆円規模まで単独で拡大したネット専業銀行が複数存在するのも日本特有の現象である。

ここに日本が米国や英国に比し、銀行モデルの革新を生み出す可能性がある。ロイヤルティポイントの世界的生みの親であり、それがリテールバンク設立につながった英国の最大手のテスコですら、楽天やイオンのようにポイントや電子マネー、そしてクレジットカードを共通ベネフィット、共通通貨として銀行その他の金融子会社とリテールの非金融会社の相互送客に積極的につなげるというところまでの仕組みは構築してはいない。セブン銀行という全国規模の決済専業バンクを大手流通業がもつのも例をみない。楽天同様のギャップファイナンスや送金サービスを提供しているアマゾンやペイパルは銀行をもっていない。また、じぶん銀行のように携帯のキャリアが折半出資でネット銀行をつくる一方、ａｕ ＷＡＬＬＥＴというポイント付電子マネーを幅広く展開している例もない。さらに、ネットバンキング専業のソニー銀行の住宅ローンをグループの生保のライフプランナーが販売している例もない。もっといえば、数兆円単位の総資産を抱えるネット専業銀行が複数存在している国もない。ネット専業銀行の発祥は１９９０年代後半の米国であるが、ほとんどは既存銀行のチャネル一部として吸収されるかネットバンクのように破綻し、消滅している。

このような異業種から参入した銀行の台頭に対し、ここにきて既存の銀行界のなかで、非金融業務をできない既存銀行は不利な立場にあるという伝統的銀行不利論が出始めている。異業種銀行には破綻銀行の受け皿としてスタートしたケースが多い。あるいはセブン銀行のようにＡＴＭ

が銀行上の店舗に位置づけられているために、銀行免許の取得に向かわざるをえなかったという先もある。米国のような商業と銀行の分離に対する日本の金融当局の根本的な考え方についての議論は今後の課題である。そして今後これら異業種銀行がさらに拡大していった場合、当局が分離主義をどのように考えるのか、既存銀行の異業種ビジネスという視点をどう考えるという議論を本格的にしなければならない。これは世界的に例のない道筋を銀行界と当局・政府が築いていくことになる。競争の公平性の議論、銀行の機関銀行化が主要な課題となるが、規制上の観点は別として、異業種銀行の存在は少なくとも日本の銀行ビジネスの発展にとって前向きに受け止めるべきことである。これら異業種銀行が革新をもたらすことは、銀行を利用する顧客にとっての利益になるからである。道筋の基本は、異業種銀行も機関銀行化防止のセーフティネットのもとに置かれたうえで、「顧客の利益になる競争とビジネスの革新」を銀行界全体が切磋琢磨して行い続けることである。

また、既存の銀行のなかに革新の動きが今後も起こらないとすれば、必然的に当初辺境の地位にあった異業種銀行が革新を引き起こすであろう。台頭してきたとはいえ、数千万人にのぼる本業の異業種顧客に対する銀行サービスの浸透は、まだこれからの課題である。異業種銀行は、既存銀行から自行にいかに顔を振り向けてもらうか、まだまだチャレンジャーとして必死に考え抜かなければならないからである。このような動きは、小売流通業や携帯などの通信業など他の異業種の銀行への関心をさらに高める可能性は十分にある。そのような可能性も念頭に、既存の伝統的銀行は、今後の銀行モデルを革新的に追求していかなければならない。その意味で近代の銀行制度の原型が誕生した明治以降、日本の銀行界はようやく新たな黎明期に入ったといっても過言ではない。黎明期から日本の銀行界が新たな飛躍へと創造的に発展していくのは、顧客の利益になる革新と革新を後押しする規制対応が連動し合って不断に展開し続ける場合のみである。

銀行経営のパラダイムシフトと新成長戦略

平成27年10月1日　第1刷発行
平成28年7月6日　第2刷発行

著　者　富　樫　直　記
発行者　小　田　　　徹
印刷所　図書印刷株式会社

〒160-8520　東京都新宿区南元町19
発　行　所　**一般社団法人 金融財政事情研究会**
編 集 部　TEL 03(3355)2251　FAX 03(3357)7416
販　　　売　**株式会社 き ん ざ い**
販売受付　TEL 03(3358)2891　FAX 03(3358)0037
URL http://www.kinzai.jp/

ISBN978-4-322-12826-0